公共说理为什么重要

李文倩/著

Why is Public Reasoning Important

图书在版编目（CIP）数据

公共说理为什么重要 / 李文倩著． — 成都：四川大学出版社，2023.3
ISBN 978-7-5690-6042-3

Ⅰ．①公… Ⅱ．①李… Ⅲ．①政治哲学－文集 Ⅳ．①D0-02

中国国家版本馆CIP数据核字（2023）第050362号

书　　名：	公共说理为什么重要
	Gonggong Shuoli Weishenme Zhongyao
著　　者：	李文倩

选题策划：	吴近宇
责任编辑：	吴近宇
责任校对：	吴连英
装帧设计：	墨创文化
责任印制：	王　炜

出版发行：	四川大学出版社有限责任公司
地　　址：	成都市一环路南一段24号（610065）
电　　话：	（028）85408311（发行部）、85400276（总编室）
电子邮箱：	scupress@vip.163.com
网　　址：	https://press.scu.edu.cn
印前制作：	四川胜翔数码印务设计有限公司
印刷装订：	四川盛图彩色印刷有限公司

成品尺寸：	148 mm×210 mm
印　　张：	5.75
字　　数：	158千字

版　　次：	2023年7月 第1版
印　　次：	2023年7月 第1次印刷
定　　价：	38.00元

本社图书如有印装质量问题，请联系发行部调换

版权所有 ◆ 侵权必究

扫码获取数字资源

四川大学出版社
微信公众号

目 录

辑一 论文

公共说理为什么重要?……………………………………（ 3 ）
纳斯鲍姆论脆弱性与好生活…………………………………（ 14 ）
清晰性为什么值得追求?………………………………………（ 27 ）
逻辑在社会-政治领域中的必要与限度………………………（ 38 ）

辑二 评论

为自由的绝对优先性辩护
　　——评黄裕生的《站在未来的立场上》…………………（ 53 ）
自由个体的孤独与凉甜
　　——评《自然社会：自然法与现代道德世界的形成》…（ 60 ）
自由与教育………………………………………………………（ 71 ）
美德、理性与自由………………………………………………（ 79 ）
读德沃金《民主是可能的吗?》………………………………（ 83 ）
"科学"这件外套…………………………………………………（ 89 ）
读韩水法《正义的视野》………………………………………（ 93 ）
政治哲学与古典趣味
　　——读应奇的三本书……………………………………（ 97 ）

从政治学角度看西洋文史 …………………………………（105）
道德生活 ……………………………………………………（112）
纳斯鲍姆论人文教育 ………………………………………（116）
读《诗性正义：文学想象与公共生活》……………………（123）
爱与正义 ……………………………………………………（127）
理想主义的黄昏 ……………………………………………（134）
美与艺术：演化的而非形而上学的 ………………………（139）
罗尔斯论哲学史 ……………………………………………（146）
自然是完美的吗？ …………………………………………（149）
独立哲人休谟
　　——读《大卫·休谟传》………………………………（157）
罗素的成与败 ………………………………………………（167）
有病的尼采 …………………………………………………（175）

辑一 论文

公共说理为什么重要?*

理查德·卫克莱(Richard Velkley)在《启蒙与现代性:对理性令人不安的审判》一文中写道:"现代性的永久主题就是由理性导演的对自己的审判。"① 从这句话中,我们看到,在现代性的境遇中,理性占据着主导性的位置。关于这一点,我们如果将其与传统社会做对比,则可能有更好的理解。在现代之前,人们更多地遵守传统、习俗等,当人类进入现代社会之后,则凡事都要问一个为什么。理性在现代性境遇中的主导地位,固然是理性之内在力量的展现,但也意味着理性要担负起更大的责任。而在此过程中,理性难免犯错,就招致这样一个结果,即理性的自我审判,成为现代性的一个"永久主题"。由此引出的重大议题是,在理性之自我审判与不可避免的巨大张力之间,理性还有出路吗?

一、理性的当代命运

在对"理性"这一概念的理解中,人们最早将其视为实体,而"作为实体的 Vernunft 或理性有客观性以及与之伴随的总体

---

* 原载《政治思想史》,2015 年第 4 期。
① 韩水法:《理性的命运:启蒙的当代理解》,北京:北京大学出版社,2013 年,第 146 页。

性和规范性"①。理性之客观性特征,要求认知主体在认识活动中,始终将认知对象作为客体来把握。自然科学的认知模式,是理性认知的典范。在这样一种认知活动中,认知对象并不因认知活动本身而有所改变。但如果将这样一种认知模式推广到对社会现象的认知和规划,则有明显的不妥之处,事实上这样一种做法,在 20 世纪造成了严重的后果。

理性之总体性特征使其摆脱了经验的检验和束缚,走向了理性的狂妄。在关于理性的狂想中,人们相信自己不仅有改天换地的本事,而且有再造人类文明与历史的使命。"聪明绝顶"而又野心勃勃的人,则能够在对人类历史—社会有全面把握的基础上,整体性、大规模地改造社会。对此,哈耶克在《科学的反革命:理性滥用之研究》一书中有尖锐的批判。② 哈耶克的批判包含两个要点:第一,人类文明是历史累积的结果,并非理性设计的产物;第二,从认识论的角度看,再伟大的人类头脑,都不可能掌握人类的知识整体。这可从两个方面来理解:一是我们可将伟大人物的大脑,设想成一台功能无比强大的超级计算机,即使如此,其所能吸收和运用的知识,仍是相当有限的;二是许多实践性的知识,只有参与相关活动才能获得,但对一个具体的人来说,其所能直接参与的活动相当有限。上述两点论证表明,对作为个体的人而言,其所具有的只能是有限理性。

实体性的理性,在理论上具有极强的规范性,从而构成评价现实的绝对标准。现实往往是不完美的,因此以理性的绝对标准来评价现实的结果,则是在实践上要求对现实进行理想化的改造。而改造现实的具体实施者,则只能是对社会知识有全面掌握

---

① 童世骏:《理性、合理与讲理——兼评陈嘉映的〈说理〉》,《哲学分析》,2012 年第 6 期,第 7 页。
② 哈耶克:《科学的反革命:理性滥用之研究》,冯克利译,南京:译林出版社,2012 年,第 84 页。

的工程师。

哈耶克还将对理性之滥用的批判,延伸到知识分子身上。他认为知识分子相信凭借理性,即能解决人类所有的问题,而这一对理性主义的过度信任,罔顾人类社会的历史与现实,不过是一种"致命的自负"。哈耶克的这一批判,有其鲜明的针对性。但应该看到,要真正克服知识分子身上的理性主义倾向,其实是相当困难的。因为知识分子多与观念打交道,因此比较容易倾向理性主义,尤其是对那些深受德法文化影响的知识分子而言。如冯克利所说,即使是哈耶克本人,尽管他深受"英国经验主义和怀疑论的影响",但在激进地表述其"英国立场"方面,哈耶克表现得像一个"非常偏执的思想家"①。

哈耶克对理性之滥用的批判,颇具代表性。除此之外,如法兰克福学派及一些保守主义者、后现代主义者等,也对理性进行了广泛而深入的批判,这使理性遭受了极大的挑战。但正如我们开篇所引,对理性的批判只能是理性的自我审判,因为我们无法以非理性的方式来有效地进行这一工作。从这个角度看,理性所蕴含的自我批判的力量,是使理性起死回生的关键。关子尹在《反启蒙和哲学的胎记》一文中写道:理性本身可以是"自我反思""自我限制"和"自我批判"的,并在此过程中实现"自我教育""自我提升"和"自我改变"。②

事实上,理性在不断遭到挑战的同时,亦在不断进行自我反思、批判和提升。实体性的理性观念,在不断的批判中已经式微,人们愈发认为,"有限理性"的提法更符合实情。童世骏指出,理性观念的演化,大致有这样一个过程,即从作为实体、属

---

① 哈耶克:《致命的自负》,冯克利、胡晋华译,北京:中国社会科学出版社,2000年,"译者的话",第11页。
② 转引自韩水法:《理性的命运:启蒙的当代理解》,北京:北京大学出版社,2013年,第316页。

性的理性，走向更具主观性的"理由"。他就此指出："……理性的演化过程用英语表述有方便之处，那就是它是一个从 Reason（理性）经过 rationality 或 rationalities（合理）到 reasons（理由），这个过程即使不是一个理性从有到无的销蚀过程，也是一个理性从高到低的下降过程。"① 从大写单数的理性（Reason），到小写多数的理由（reasons），这一理性的演化过程清晰地表明，那种客观、唯一的理性，已让位于更具主观性的诸理由。

从独断的理性到"价值的理由"②，既展示了理性的演化过程，亦标识出理性的当代形态。在这一新的视角下，反观哈耶克对理性的批判，即可清楚地看到，他所批判的正是独断的理性或者说理性的独断，亦可称之为工具理性。但哈耶克之批判的问题在于，他未对工具理性和价值理性做出区分，因此他的批判对科学理性有失公正。事实上，科学理性正是自由价值的同盟，而非奴役人的力量。翟振明在《启蒙批判的几个重大误区》一文中指出，"纯粹的科学""是和人文精神一脉相承的"③，都以实现人的自由和解放为目的。

从 Reason 到 reasons 的另一意涵，即表明理性从独白走向对话，由此出现了"沟通理性"的概念。杰伊指出，沟通理性是：（1）对话的，而非自言自语的；（2）公共的，因此拒绝在秘密状态下进行；（3）"……重视有意向的言说（intended utterance）所达到的水平，沟通过程的所有参与者都可对这些言

---

① 童世骏：《理性、合理与讲理——兼评陈嘉映的〈说理〉》，《哲学分析》，2012 年第 6 期，第 9 页。
② 这是陈嘉映一本书的名字，即《价值的理由》，北京：中信出版社，2012 年。
③ 转引自韩水法：《理性的命运：启蒙的当代理解》，北京：北京大学出版社，2013 年，第 436 页。

说的含义加以审慎的思考"①。

"沟通理性"作为理性的当代呈现,其所蕴含的内在价值,对当代社会具有重要意义:理性的说服必不可少。威廉斯指出:"理性说服的理论将成为自由理论的一部分。"②

面对当代世界,多元主义是一个基本的现实,任何成熟的理论或思考,均需面对这一状况。罗尔斯在《政治自由主义》一书中认为:"自由主义既力图表明善观念的多元性是可欲的,也力图表明一自由政体如何适应这种多元性,以实现人类多样性的多方面发展。"③ 面对多元主义的现实,在制度的层面上考虑,多元之中的任何一元,都必须尊重正义原则的限制。正如有论者所指出的:"在现代条件下重申上帝的福音或孔子的教诲不仅是自由的而且应当获得尊重,但妄图以己之神剿灭其他诸神,则不仅在政治上是错误的,且在道德上是邪恶的。"④ 而在制度的基础上,具有多元价值观的人们,还需考虑如何相互合作,并共同生活在这个世界上。在这种情况下,公共理性作为一种相互说服的基本原则,将会发挥重要作用。

二、积极说理与申辩

大致说来,只有在现代条件下,说理才在公共生活中占有如此重要的地位。在传统社会,政治统治的合法性基于神权或血缘关系,而到了现代社会,则基于人民的普遍同意。吴增定在《简

---

① 杰伊:《新自由主义想象与理性空间》,叶斌译,《哲学分析》,2013年第6期,第112页。

② 威廉斯:《羞耻与必然性》,吴天岳译,北京:北京大学出版社,2014年,第173页。

③ 罗尔斯:《政治自由主义》,万俊人译,南京:译林出版社,2000年,第322页。

④ 李筠:《自由主义的情与理》,《读书》,2014年第11期,第27页。

析斯宾诺莎〈圣经〉批判之意图》一文中写道:"民主政体与神权政体的最大不同在于,前者的统治是基于理性,后者则是基于迷信和恐惧。"① 从这个角度看,人民基于理性的普遍同意,作为现代政治治理的合法性来源,属于政治意见的领域,而与整全性的真理无涉。

在西方政治思想史上,哲学与政治的关系一般被表述为真理与意见的关系。哲学探求真理,而政治则属于意见的领域。自柏拉图以来,不断有人试图以真理代替意见。但正如汉娜·阿伦特所指出的,在经过20世纪的人类灾难之后,我们必须学会政治化地思考。简而言之,即让哲学的归哲学,政治的归政治。罗尔斯如上关于政治自由主义的理论构想,与阿伦特的这一基本观点是一致的。

在今天,公共说理有其积极意义吗?李筠指出:"说理在剧烈变动的社会中绝不能自我设限,而应该主动地参与公共争论,对变化社会中各领域的重大问题,可形成内在融贯的解释和评判。"② 这样一种主张,我们可称其为积极说理。对重大议题的普遍关切,既有助于对变化中的社会提出较好的解释,又可在此过程之中,培养公共说理的能力和习惯。从这个角度看,公共说理在国家的转型时期,当有其积极意义。积极说理作为公共参与的一种形式,对其制度的保持和运行,亦具非常重要的意义。

罗尔斯认为公共参与的主体是具有平等政治身份的公民。在这一过程中,公民们并不需要某个伟大的哲人王来指导和教化。哲学学者参与公共事务的资格源于他们的公民身份,而并非因为他们是哲学专家。罗尔斯在《答哈贝马斯》一文中写道:"在公

---

① 转引自韩水法:《理性的命运:启蒙的当代理解》,北京:北京大学出版社,2013年,第295页。

② 李筠:《自由主义的情与理》,《读书》,2014年第11期,第25页。

平正义中，不存在任何哲学专家。[……]他们永远都是公民中的一员。"① 由此可见，在一个实现了公平正义的社会中，哲学家即使有某些学术方面的专长，亦并非意味着他因此具有在政治领域充当指导者的资格和能力。

如上关于积极说理与公共参与的讨论，引出一个古老的问题，即在具有广泛民主参与的政治制度下，如何保证少数人的权益得到尊重。公共参与的主体是复数的公民，但人数众多并不能保证意见正确，反而有可能在某些极端的情况下形成一种多数人的暴虐。如此一来，积极说理的结果，即与独断理性无异。针对这一状况，陈嘉映对申辩的强调就格外有意义："比起积极说理，申辩更彰显了说理的理解本性：申辩者天然站在生态多样性一边，说理不是为了求取一致，而是求取多样性之间的相互理解。"② 在西方哲学史上，苏格拉底的伟大申辩即是对当时多数派意见的抗议。

接下来的问题是，无论是积极说理还是申辩，说理体现了怎样的价值追求或态度，在具体的说理过程中，又有哪些原则性的要求。慈继伟指出，说理"不是或至少首先不是对所谓理性或真理的信从，而是对他人的一种态度，一种相对平等的态度"③。这就与我们平常的理解相反。在理性的讨论中，我们总是强调说：对事不对人，其实如慈继伟所说，说理首先所体现出的，是对人的平等性的尊重。而在具体的说理活动中，这一平等尊重的原则，部分体现在真诚待人上。与此相反，"看人下菜"的说话方式之所以无法取信于人，就在于对他人缺乏平等的尊重。

---

① 罗尔斯：《政治自由主义》，万俊人译，南京：译林出版社，2000年，第454页。
② 陈嘉映：《说理》，北京：华夏出版社，2011年，第219页。
③ 陈嘉映、刘擎、慈继伟、周濂：《说理四人谈（上）》，《哲学分析》，2013年第5期，第158页。

诚实或者说正派的价值追求，有利于维护说理者良好的信誉，从而取得良好的说理效果。而一个缺乏良好信誉的说理者，哪怕他再怎么巧舌如簧，亦很难取信于他人。徐贲指出："对于信誉来说，最重要的是诚实，这种诚实又被称为正直或正派（integrity），它的反面就是虚伪和伪善。"①

以说理而非暴力来解决问题，是人类文明的一项成就。很多时候，我们以说理的方式尝试解决问题，都不如暴力来得直截了当；但问题在于，以暴力的方式解决问题，在不少情况下，其实并非对问题的解决，而是制造了更多的问题。而且，与暴力相比，说理的效率可能不见得多高，但其所造成的伤害更小。赤裸裸的暴力，首先是对人的肉体的伤害。而谩骂、羞辱性的言辞等形式的语言暴力，其对人之心灵的伤害，不亚于肉体的痛苦。因此，在公共说理中间，应尽力避免语言暴力。

拒绝极端的思维和话语方式，可能更符合公共说理的要求。徐贲指出："留有余地不仅仅是说话的技巧，而更是出于说理的一项基本原则，那就是尊重不同意见和公正地看待、承认不同意见的合理成分，只有这样，说理才会更灵活、更理性，也更全面。"②徐贲有一个比喻，亦很好地表明了此点，即说理不是握紧的拳头，而是摊开的手掌。这样一种从容不迫的方式，并不表示软弱与退却，而恰恰表明了说理所具有的内在力量。

三、共识抑或理解？

在本文的第一部分，我们讨论了理性所遭遇的批判及其当代

---

① 徐贲：《明亮的对话：公共说理十八讲》，北京：中信出版社，2014年，第103页。

② 徐贲：《明亮的对话：公共说理十八讲》，北京：中信出版社，2014年，第83页。

演变,指出无论是基于历史,还是面对当代多元主义的现实,理性沟通都必不可少。而在许多有争议的问题上,人们需要以说理的方式来进行相互沟通。在本文的第二部分,我们首先指出,说理的方式与现代政治制度具有高度的契合性。其次讨论了对说理之本性的两种理解,即积极说理与申辩,指出积极说理有其积极意义。但在任何社会,都存在少数派或弱者,他们的权益亦应受到保护,他们的声音理应得到倾听。如此说来,说理之为申辩,既是对独断理性的对抗,亦是对多元主义的辩护。我们接着讨论了说理的价值追求,并简要论及在具体的说理活动中理应遵循的原则性要求。在如前讨论的基础上,我们最后要问的是:说理的目的是什么?说理是否在所有的情况下,都能取得必要的共识从而解决相关问题?在取效(共识)之外,说理还能为我们带来什么?

一个价值观存在严重分歧的社会,既表现为对历史的不同解释,又表现在对现实的不同认知及对未来的不同预期之上。面对价值观的严重分歧,我们如何应对?一种比较常见的思路是,强调持不同主张者积极对话,以说理的方式谋求共识。从实践的角度看,我们不认为这有什么大的问题,但本文写作的主要目的,不在于实践问题的解决,而在于对说理问题的理论认识。在理论的层面上,认为说理的目的在于共识的达成,是理性主义者的一般见识。如汉斯·费格(Hans Feger)的观点,即理性主义的典型表达,他在《作为先验先天的公共性与共同感》一文中写道:"在理性的公开运用中,不同经验相互比较,最终达成'共通感'(gemeinschaftlicher Sinn),它作为整体会反过来影响公共政治。"①

---

① 韩水法:《理性的命运:启蒙的当代理解》,北京:北京大学出版社,2013年,第139页。

从说理到共识的达成，有一个中间环节，即说理活动之中的一方对另一方的说服。我们原本在某一问题上持有不同的见解，但通过说理的方式，你说服了我或我说服了你，于是被说服者放弃了自己的原有见解，转而认同说服者的意见，于是，我们就在此问题上达成了共识。但这样一个说服的过程不是说绝无仅有，至少是概率极低。陈嘉映指出："我们很难通过说理－论证改变他人的看法，只有过于天真的理性主义者才看不到这一点。"① 如此看来，我们关于说理旨在取效的理解，即使不是完全错误，也至少是成问题的。

接着的问题是，如果说，说理之目的不在于共识的达成，那么说理还有意义吗？慈继伟认为，说理中的论证因表达了一种个体间的平等关系及对这一关系的认同，"这本身已经是一个不可小觑的价值进步了，甚至这就是理性，至少是理性的一大部分"②。这一观点表明，说理－论证活动蕴含着对平等的尊重和认同，并由此规定了说理双方的平等地位。而对平等的认同和肯定，则为对话双方释放善意、营造一个良好的公共空间提供了必要的价值基础。

说理并不一定能达成共识，但说理者可以在平等尊重的基础之上，获取理解。而且，这里的理解并非单向的输出或输入，而是一种双向互动中的创造性过程。陈嘉映指出："与其说论证的目的在于从智性上使对方臣服，不如说论证旨在创造新的理解途径。"③ 在这一过程之中，一个人不仅加深了对他人的理解，也在某种程度上更好地理解了自我。

以说理的方式获取理解，意味着说理活动的目的不在于单纯

---

① 陈嘉映：《说理》，北京：华夏出版社，2011年，第212页。
② 陈嘉映、刘擎、慈继伟、周濂：《说理四人谈（上）》，《哲学分析》，2013年第5期，第159页。
③ 陈嘉映：《说理》，北京：华夏出版社，2011年，第214页。

取效，而在于一种心智或德性的培育。在一般的意义上，陈嘉映指出："说理的目标，若从根本上说，与其说是在此一事上让对方接受自己的看法，不如说是一种心智培育。"① 而在政治领域，罗尔斯指出："公共理性的价值不仅包含基本的判断、推论和证据之概念的切当运用，而且也包含着合乎理性、心态公平的美德，就像遵守常识的标准和程序，在不存在争议时接受科学的方法和结论所表现出来的那样。"② 简而言之，公共理性的恰当运用，有助于公民美德的培育。

基于如上论述，公共说理或许并不能直接解决某一具体问题或所有问题，但仍是绝对重要且值得为之辩护的。

---

① 陈嘉映：《说理》，北京：华夏出版社，2011年，第217页。
② 罗尔斯：《政治自由主义》，万俊人译，南京：译林出版社，2000年，第147—148页。

纳斯鲍姆论脆弱性与好生活*

在一个极为简约开阔的视野中,我们大致可以说,生活在现代之前的人们,其伦理生活的准则主要基于一些形而上学的"设定"。而且,这样的准则对于他们而言乃是自然的,天然正当且无须论证。而以今人的眼光看,这样一些准则可能来源于宗教、神话或传说,多有不实的成分;但对生活在这些准则之下的人们而言,所谓"不实"则几乎无从谈起,因为那是他们生活的基石,是不可怀疑的。

但问题在于,随着近代科学的兴起,人们固有的看待世界的方式遭到了挑战。人们逐渐意识到,之前支配他们生活的那些准则,似乎也是可怀疑的。甚至在有些人看来,那不过是些形而上学的"教条",无法证实亦很难证伪。这样一种由科学带来的看待世界的方式的变化,使人们的伦理观点随之改变;而当以这一新的眼光反观自身时,人们突然发现,他们以往看似实在的生活突然变得漂浮起来。

在这样的时代背景下,康德的伦理学为人们带来了安慰。他将伦理准则排除出了认知的范围,这在一定程度上为认知理性减了负;而且,他通过自己的努力,试图将伦理准则奠定在理性的基础之上,如此一来,"上帝"的存在也就成了一个理性的假定。旧的形而上学崩塌了,理性成为某种可凭靠的东西。威廉斯(或

---

* 原载于朱志荣:《中国美学研究》(第5辑),北京:商务印书馆,2015年。

译威廉姆斯）说，康德主义"……提供了一种诱惑，在面对世界的不公正时向人们提供了一种安慰"①。

威廉斯还说，康德的伦理学捍卫了"个体的独特性"，尽管这样的个体只具有抽象而贫乏的品格。而且无论康德的道德律令在表述方式上如何像神谕那样坚定有力，它都缺乏一种语境的敏感性，无力面对真实而丰富的人类生活；它将人类的幸与不幸，完全与个体的自由选择相关联，忽视了运气在人类生活中的道德意义。但威廉斯认为："不管运气是否是生成性的，是否影响了一个人的决定与道德的关系，或者只是影响了一个人的行为的最终结果，运气对于道德生活来说都具有很重要的意义。"② 也就是说，在理性的必然性之外，变幻莫测而又几乎不可避免的运气因素，更为广泛地影响着我们的伦理生活。

简而言之，威廉斯的总体思路，是力图通过对古典思想资源的发掘，以补足现代伦理学总体上的贫乏。但威廉斯并不是一个简单的复古主义者，有论者指出，他思想上根本的落脚点，仍是"自由主义"③。

纳斯鲍姆和威廉斯同为古典学家和哲学家，前者自称在学术研究上，深受后者的影响。但纳斯鲍姆在纪念威廉斯的《悲剧与正义》一文中认为，威廉斯在晚年似乎越来越偏向于"尼采式的反启蒙倾向"④，这是她所不能认同的。

---

① 威廉斯：《道德运气》，徐向东译，上海：上海译文出版社，2007年，第31页。
② 威廉斯：《道德运气》，徐向东译，上海：上海译文出版社，2007年，第57页。
③ 陈德中：《政治现实主义：威廉姆斯政治哲学研究》，北京：知识产权出版社，2010年，第185页。
④ 纳斯鲍姆：《悲剧与正义——纪念伯纳德·威廉姆斯》，唐文明译，《世界哲学》，2007年第4期，第28页。

一、人之无常与脆弱

在形而上学时代，人们似乎完全相信，人类生活的幸与不幸，在根本上取决于命运之神的恩赐或惩罚。在这样的观念之下，个人的作为是无关紧要的。或许唯一有伦理意义的行为，就是敬神或顺从命运，而不是做无谓的抗争。这样一种观念，在今天的大多数人看来，的确过于宿命论了。康德的伦理学，则似乎走向了另一个极端，即认为个体唯因有德才配享幸福；这一因追求绝对的确定性而取消了无常之命运的伦理理论，恰恰远离了我们真实的生活。

纳斯鲍姆则认为，人之不幸既有可能来自运气，又有可能是坏行为的结果："悲剧明确地向我们表明，甚至最聪明、最好的人也可能遭受灾难。但悲剧也同样明显地向我们表明，许多灾难都是坏行为的结果，不管那些行为是来自人，还是来自与人具有同样形态的诸神。"①

这就要求我们在进行伦理思考时，必须考虑人之命运的无常性，而不仅仅是像康德那样，只是着眼于个体性的道德选择。对人而言，命运之所以"无常"，是因为人作为一个有限的个体，在根本上无法完全把握外部世界和自身的关系。人在根本上是脆弱的。而无视这一点的伦理理论，就只是一种强人所难的表现。

在纳斯鲍姆看来，古典哲人所推崇和为之辩护的完满的哲学生活在根本意义上即无视人之脆弱性。因为在古典哲人们看来，最值得一过的生活，是沉思的哲学生活。这样一种生活则具有如

---

① 纳斯鲍姆：《善的脆弱性：古希腊悲剧和哲学中的运气与伦理》，徐向东、陆萌译，南京：译林出版社，2007年，第27页。

下的一些形式："纯粹、单一、坚硬如铁，不变也不可变。"① 如此一来，沉思着的哲人的生活，在根本上就是自足和绝对完满的：既像神一样理智，又像神一样充满智慧。但这样一种完满的生活，至少对多数人而言，却是不可过的。而如果某人被强迫过这样的生活，也根本谈不上什么幸福，因为那不过是奴役。

在爱的问题上，人之脆弱性得到了最充分的展现。在某种意义上，神是不需要爱的，因为它完满自足。而人之所以需要爱，就在于人之脆弱性，以及他的不可自足性。但在纳斯鲍姆看来，这并不是什么缺点，反而是"人性的卓越最美之处"：植物之美在于它的柔韧，不同于宝石之美，即它眩目的坚硬。柔弱和坚硬表面上是不一样的价值，而且似乎是两种互不兼容的价值。同样，真正的人类爱情之美不同于两个不朽的神之间的爱情，不同之处也不仅仅是时间上的长短。②

脆弱性是爱的前提，同时，爱也使人脆弱，让人处于某种危险的境地。正如罗尔斯在《正义论》一书中所指出的：彼此相爱的人，或对人和生活形式有强烈依恋关系的人，同时也易于毁灭：他们的爱使他们成了不幸或他人的非正义的人质。朋友和恋人进行着相互帮助的冒险；家庭成员们也乐于做同样的事。他们具有的这种倾向，如同任何其他倾向一样，依赖于他们的依恋关系。我们一旦在爱就易受伤害：没有任何爱准备去考虑是否应当去爱，爱就是这样。伤害最少的爱不是最好的爱。当我们在爱时，我们就在接受伤害和失去爱的危险。③

---

① 转引自纳斯鲍姆：《善的脆弱性：古希腊悲剧和哲学中的运气与伦理》，徐向东、陆萌译，南京：译林出版社，2007年，第184页。

② 转引自纳斯鲍姆：《善的脆弱性：古希腊悲剧和哲学中的运气与伦理》，徐向东、陆萌译，南京：译林出版社，2007年，第2页。

③ 参见罗尔斯：《正义论（修订版）》，何怀宏、何包钢、廖申白译，北京：中国社会科学出版社，2009年，第454页。

最好的爱，在根本的意义上，缺少我们所期待的那种稳固性。之所以如此，是因为最好的爱意味着全情投入，而那意味着一种冒险。冒险的人在概率的意义上，缺乏保护。即使如此，人们似乎有时并不愿意固守在平常生活中，因为那尽管安稳舒适却缺少激动人心的力量。在纳斯鲍姆看来，爱让人脆弱，这的确是一个事实，但她从不认为脆弱性本身是值得赞颂的①。因为在她看来，那样一种观点过于浪漫了。

爱的能力是一种默会之知，没人能仅靠一套普遍性的规则而对爱有真正的理解。纳斯鲍姆说，当且仅当情人知道如何对待他/她的爱人——在不同的时间地点如何回应爱人的一举一动，如何对待快乐的相互授受，如何对待爱人复杂的理性、情感和身体的需求——的时候，我们才可以说某些达到了对爱人的真正理解②。爱不立足于定义或普遍规则，"这并不意味着他们的判断和回应不是理性的"③。在这里我们可以看到，爱这种似乎高度私人化的人类行为，也不能完全脱离理性而行事，尽管它并不依赖于一套明述的细则。

爱是一种关系性的善。这样一种关系的建立，困难而难以持久，而且单纯的理性似乎也帮不上什么忙。在某些情况下，受苦的经验却有助于我们更深地理解这一"关系"。纳斯鲍姆认为，"受苦本身可以是一种认识，因为在这些事件中它是正确地感知人类生活的一种方式。而且总的来说，单单理性本身不足以真正

---

① 参见纳斯鲍姆：《善的脆弱性：古希腊悲剧和哲学中的运气与伦理》，徐向东、陆萌译，南京：译林出版社，2007年，第26页。

② 参见纳斯鲍姆：《善的脆弱性：古希腊悲剧和哲学中的运气与伦理》，徐向东、陆萌译，南京：译林出版社，2007年，第257页。

③ 纳斯鲍姆：《善的脆弱性：古希腊悲剧和哲学中的运气与伦理》，徐向东、陆萌译，南京：译林出版社，2007年，第256页。

地理解爱或者是悲剧"①。

但在这一切之外，人之脆弱性还表现在人有一个脆弱的身体。纳斯鲍姆说："身体的标志就在于它脆弱且易受伤害，无论蛇蝎猛兽、电闪雷轰，甚至是情人的爱都可以刺伤它。"② 而且，当我们的身体受伤时，其所带来的疼痛，总是第一人称的，无法交换或转移。我们也无法以一个旁观者的视角，不动声色地"审视"自身的痛苦。即使是这样的经验，也并不只带来负面的后果，在某种意义上，它恰恰是我们获得真实意义的一部分。人类学家阿瑟·克莱曼指出：疾痛总是有意义的。当疾病不必然造成自我挫败时，疾痛经验可以成为——即使不常如此——一种成长的机会，一个转向更深刻更美好的起点，一个善的模型。③

二、哲学与诗学之争

哲学与诗学之争，至少是在两个层面上展开的。一个层面是：在有关我们伦理生活的问题上，到底是文学还是哲学更具有发言权，更能为我们提供有效的指引？事实上，现代人对此问题的严肃思考，更多采用哲学论争的方式、尽管这并不排除普通人生活的方式和榜样多是从影视剧那里学来的。也就是说，在今天我们有关道德问题的思考中，说理或论证成了一种最主要的方式。但正如纳斯鲍姆所指出的，在古典时期的雅典，事实并非如此。在那个时候，诗人是更重要的教化者。纳斯鲍姆写道：在她

---

① 纳斯鲍姆：《善的脆弱性：古希腊悲剧和哲学中的运气与伦理》，徐向东、陆萌译，南京：译林出版社，2007年，第58页。
② 纳斯鲍姆：《善的脆弱性：古希腊悲剧和哲学中的运气与伦理》，徐向东、陆萌译，南京：译林出版社，2007年，第258页。
③ 参见克莱曼：《疾痛的故事——苦难、治愈与人的境况》，方筱丽译，上海：上海译文出版社，2010年，第170页。

看来，现代生活中的职业分划已经向人们遮蔽了一个明显的真理，即在公元前5世纪和前4世纪的雅典，悲剧诗人被广泛地看作是伦理见解的主要源泉。哲学家们把自己设定为竞争者，而不是作为相关部分中的同事。不论是在内容上还是形式上，他们都处于竞争状态，他们选择某些谋略，以便最有可能地把他们认为是真的各种关于世界的事实，向他们的学生揭示出来。① 也就是说，在最重要的伦理问题上，当时的哲人们只是悲剧诗人们的竞争者，而非像我们今天这样占据主导性的地位。

简单说来，悲剧诗人们讲故事，而哲人们则提供论证。于今人而言，道德论证诉诸概念，比叙事来得直接有力，似乎也更为严格。这当然有道理。但问题在于，在有关伦理的问题上，叙事亦有其优势。在一个层面上，叙事不诉诸概念，较少使用技术化的术语，因此保留了更丰富的内容。华裔哲学家王浩曾说：文学本来的优势就在于它在整体上避免了那些技术化的术语，并由此能够具有丰富的内容。②

论证所能提供的，一般而言，似乎是更具中立性的原则。这样一种更加形式化的方式，亦更具普遍适用性。但问题在于，在我们真实的伦理生活中，尽管道德原则的确极为重要，但光有道德原则，并不能解决我们所面临的许多真实的伦理困惑。在这种情况下，文学叙事中的人物的所作所为，似乎更有可能解答我们的困惑，给予我们实质性的"教导"。

叙事的悠长之处，还在于它能在有限的时空之中，勾勒出一幅整体性的人生画面来。当然，勾勒总不免简单化，但好的叙事能抓住其中的关节点，以丰厚的细节，带给我们真切的启示。这

---

① 参见纳斯鲍姆：《善的脆弱性：古希腊悲剧和哲学中的运气与伦理》，徐向东、陆萌译，南京：译林出版社，2007年，第4页。

② 参见王浩：《超越分析哲学》，徐英瑾译，杭州：浙江大学出版社，2010年，第274页。

样一来，我们的人生似乎就不再由一个个无意义的碎片连缀而成，而在一定意义上具有了统一性。伦理学家麦金太尔指出："人生的统一性何在？答案是，其统一性就在于那体现在某个单一生活中的叙事的统一性。"①

这在一定程度上可解释为什么许多人在年轻的时候喜读文学。因为一个人在年轻的时候，他对自身和世界的关系以及将来要走一条什么样的路，其实是相当茫然的。这个时候，文学叙事能为读者勾勒出种种可能性的人生图画，这在一定意义上，如陈嘉映所言，像是为我们提供了一幅幅"地图"②。而"地图"在这个意义上，具有向导的功能。但等到我们经历渐长，对生活有了更宽广的理解后，对文学叙事所提供的这幅"地图"似乎也就不那么需要了。

哲学与诗学之争，还有一个更深的层面，其中关涉对真的理解。无论我们如何理解论证，但在一个大的层面上，与叙事相比，论证与推理关系更大。而推理的基本规则则是逻辑。弗雷格说："'真'这个词为逻辑指引方向。"③ 这就是说，逻辑推理指向真，与必然性有关。而叙事在这个层面上，则更近乎修辞，尽管它极具感染力，但更多可能关涉欲望，而非理性与真。从这个角度看，哲学与诗学之争，也就是逻辑与修辞之争。而我们知道，在哲学传统之中，修辞是被贬低的对象。

这一传统的理解方式，使当代道德哲学家强烈拒斥将叙事所提供的内容引入价值论争。纳斯鲍姆就此指出："对于把故事、

---

① 麦金太尔：《追寻美德：道德理论研究》，宋继杰译，南京：译林出版社，2008年，第247页。
② 参见狗子、陈嘉映、简宁：《空谈：关于人生的七件事》，广州：广东人民出版社，2013年。
③ 弗雷格：《弗雷格哲学论著选辑》，王路译、王炳文校，北京：商务印书馆，2006年，第129页。

特殊的事情和形象引入有关价值的著作中的做法,很少有道德哲学家(尤其是在英美传统中)采取欢迎的态度。他们中的大多数都用怀疑的眼光来看待伦理话语的这些因素……结果,在现代哲学专业的大多数地方,纯粹的东西和不纯粹的东西之间的对比,故事和论证之间的对比,文学和哲学之间的对比,就像在柏拉图的文本中那样,被尖锐地引入了。①她接着评论说:"但是这种做法应受责备,因为它是以一种不加反思的方式引出这些对比的,不像柏拉图那样乐于把对立面的立场重新表现出来,愿意去质问那些对比本身。"②也就是说,在纳斯鲍姆看来,当代英美主流道德哲学家所持的立场,过于简单和极端了。

欧陆哲学阵营中的哈贝马斯也认为,如果我们总是就哲学文本而论哲学,而看不到文本背后的纠缠与冲突,则不可能发现文本的局限。他在评述德里达时写道:"哲学文本和文学文本一样,其中的盲点不能用表面内容来加以确认。'盲点与洞识'(Blindness and Insight),在修辞学层面上是相互交织在一起的。因此,只有当一个解释者把一部哲学文本当作它不愿意充当的东西——当作文学文本时,他才能认识到这个哲学文本的界限之所在。"③

承认叙事文本所提供的内容,亦有助于我们更深刻地理解价值问题,但这并不意味着我们应采取另一个极端的立场,即所有的论证不过都是叙事,所有的哲学文本不过都是具有特定风格的文学文本。这实际上就是德里达所持有的立场。纳斯鲍姆对此持

---

① 纳斯鲍姆:《善的脆弱性:古希腊悲剧和哲学中的运气与伦理》,徐向东、陆萌译,南京:译林出版社,2007年,第251页。

② 纳斯鲍姆:《善的脆弱性:古希腊悲剧和哲学中的运气与伦理》,徐向东、陆萌译,南京:译林出版社,2007年,第251页。

③ 哈贝马斯:《现代性的哲学话语》,曹卫东等译,南京:译林出版社,2004年,第222页。

批评性立场,她指出:"哲学体系和哲学论证的有力诉求,是不可能通过简单地作一首诗或者讲一个故事来取消的;或者,至少对于那些已经对哲学留下深刻印象的人来说,是不可能这样来取消的。"① 而且,对德里达本人,纳斯鲍姆也有尖锐批评,她"认为雅克·德里达的著作是'恶毒的'和'全然不值得研究的'"②。

三、还需要理论吗?

经如上简单讨论,我们大致可以看出,威廉斯和纳斯鲍姆等均对之前的伦理学有所不满。也正是在这个意义上,他们主张从哲学的源头处,即古典哲学那里汲取营养,以期对伦理生活有更丰厚的理解。在古典时期,哲学尚未与文学等区分开来,因此保留了更丰富的伦理经验。这里的要点,是因为之前的伦理学推崇某种单一的价值还原论,而让我们失掉了看到诸种差异的机会。也就是说,现代伦理学在处理我们所面对的伦理问题时,采取了一种过分道德化的立场。

纳斯鲍姆对此批评道:"如果一个世界把财富、勇气、高低、出生、公正都纳入一个同样的尺度,并按照一个单一事物的功能来权衡它们的本质,那么这个世界就不具有我们现在所理解的那些东西,就是一个显得很贫乏的世界,因为我们对那些东西的价值是分别对待的,并不想用一个单一的标准来评估它们。"③ 她

---

① 纳斯鲍姆:《善的脆弱性:古希腊悲剧和哲学中的运气与伦理》,徐向东、陆萌译,南京:译林出版社,2007年,第551页。
② 纳斯鲍姆:《善的脆弱性:古希腊悲剧和哲学中的运气与伦理》,徐向东、陆萌译,南京:译林出版社,2007年,第818页。
③ 纳斯鲍姆:《善的脆弱性:古希腊悲剧和哲学中的运气与伦理》,徐向东、陆萌译,南京:译林出版社,2007年,第407页。

还说:"可通约性使我们丧失了我们所珍视的每种价值的本质。把优先性赋予普遍的东西使我们丧失了出人意表、语境性和特殊性的伦理价值。把实践性的理智从情感中抽象出来不仅使我们丧失了情感的动机力量和认知力量,而且也使我们丧失了它们对人类所具有的内在价值。"[1]

在某种意义上,我们可以说,纳斯鲍姆所表达的意见不仅表明了她对现代伦理学的批评,而且显示出她对一般理论的不满。因为理论具有的普遍性诉求使其不得不省略掉许多相关的细节;但从另一个角度看,这些被省略掉的东西可能恰恰具有极重要的意义。

在一般的意义上,对理论提出尖锐批评的当数维特根斯坦。在《哲学研究》中,维特根斯坦写道:"我们不可提出任何一种理论。我们的思考中不可有任何假设的东西。必须丢开一切解释而只用描述来取代之。"[2](§109)在其他许多地方,维特根斯坦以不同方式表明,理论是完全无用的。蒙克解释说:照维特根斯坦的看法,理论化导致的抽象性和一般性、法则和原则,只是阻挠了人们达到对那"精微莫测的证据"的更好理解的努力。[3]他还在关于维特根斯坦的传记中写下这样一个故事:一次在凤凰公园散步时德鲁利提到黑格尔。"我感觉黑格尔总想说看上去不同的事物其实相同,"维特根斯坦对他说,"而我的兴趣是表明看上去相同的事物其实不同。"他考虑用《李尔王》(第一幕,第四

---

[1] 纳斯鲍姆:《善的脆弱性:古希腊悲剧和哲学中的运气与伦理》,徐向东、陆萌译,南京:译林出版社,2007年,第426页。

[2] 维特根斯坦:《哲学研究》,陈嘉映译,上海:上海人民出版社,2005年,第55页。

[3] 参见蒙克:《维特根斯坦传:天才之为责任》,王宇光译,杭州:浙江大学出版社,2011年,第553页。

场）里肯特伯爵的话当他的书的题铭:"我将教给你差异。"① 这就表明,在一致与差异之间,维特根斯坦更关注差异。

维特根斯坦以降,当代哲学家们对一般理论有种种批评。但在不同的批评者那里,亦存在极大差异。尽管人们对维特根斯坦本身的哲学思想有不同的解读,但到了理查德·罗蒂那里,我们大致可以认为,他持有一种"取消论"的立场。哲学、理论都已终结,剩下的只有文化政治批评。

面对种种后现代主义论调,纳斯鲍姆指出,她所做的工作是对理论的扩展,而不是要取消理论或哲学。她说那些把她的见解称为"反理论"的人完全是错误的,因为她的目的不是要拒斥启蒙运动的思想,而是要将古希腊人作为一种经过扩展的启蒙运动的自由主义同盟。② 她又说理论显然不是无用的:因为它强使人们把自己最好的见识保持一致;它保护人们的判断,使它们免于受到自我利益理性化的愚弄;它把人们的思想扩到那些人们可能尚未探究或体验过的领域。③ 可以看出,在绝对主义与相对主义的对峙中,纳斯鲍姆选择了一种中道的立场。

而且,纳斯鲍姆还明确指出,在一定意义上,哲学是民主的"同盟军"。在她看来,当古希腊哲学家自觉地把哲学推荐给他们自己的文化,把他们自己的文化推荐给哲学,并用它们来取代由花言巧语、占星术、诗歌和未经审视的自我利益所促进的各种社会互动模式时,现今的哲学家却在攻击理论的事业中,把那些古代哲学家视为同盟,这种做法确实显得很古怪。古希腊哲学家确

---

① 参见蒙克:《维特根斯坦传:天才之为责任》,王宇光译,杭州:浙江大学出版社,2011年,第540—541页。
② 参见纳斯鲍姆:《善的脆弱性:古希腊悲剧和哲学中的运气与伦理》,徐向东、陆萌译,南京:译林出版社,2007年,第5页。
③ 参见纳斯鲍姆:《善的脆弱性:古希腊悲剧和哲学中的运气与伦理》,徐向东、陆萌译,南京:译林出版社,2007年,第24页。

实不会喜欢这个思想：人们的生活需要情感和习惯来引导；他们甚至也不会喜欢这个思想：人们的生活需要优雅的文学作品来引导。他们想要批判性的论证，他们想要对欣欣向荣的人类生活提出一个系统的论述。在这点上她与他们站在一起。就像苏格拉底那样，她认为，如果要实现现代民主的潜力，就需要哲学。①

通过以上引述，我们可以看出，纳斯鲍姆对理论及哲学价值的肯定，既在一般学术的层面上进行，又有对自由价值的捍卫。而其所针对的目标，是种种价值虚无主义及对启蒙思想的蓄意攻击。

具体到政治哲学的研究中，在方法论的层面上，有学者认为，只有维特根斯坦后期所倡导的那种"语法"考察，是远远不够的，而必须多种方法并举。周濂指出："我们的确很难对历史性的概念如理性、民主、阶级和共同体进行柏拉图意义上的'普遍定义'，但这并不意味着我们就无法对之进行定义，更不意味着我们就只能遵循'意义即使用'的思路去探讨它们的意义。因为像理性、民主、共同体这些超级概念除了根植于日常语言的沃土，还另有理论建构的规范性源头以及不同文化传统的经验差异，在政治哲学的研究过程中，对概念的语法考察工作必须要与理论规范和现象描述工作多头并进，缺一不可。只要我们牢记所有的定义不过是理论探讨的起点而非终点，是依据但不是标准，则大可不必放弃对历史性事物下定义的努力。"②

综上所述，我们大致可以认为，尽管之前的理论或哲学有这样那样的问题，但一种明智的态度，是应尽力去扩展和丰富它，而不是简单取消了事。

---

① 参见纳斯鲍姆：《善的脆弱性：古希腊悲剧和哲学中的运气与伦理》，徐向东、陆萌译，南京：译林出版社，2007年，第23页。
② 周濂：《政治社会、多元共同体与幸福生活》，《华东师范大学学报》（哲学社会科学版），2009年第5期，第13页。

清晰性为什么值得追求？

一

哲学研究的进路，确有诸多不同的路向。不同路向的选择反映着不同选择者自身的个性特征。詹姆斯的说法是，硬心肠的研究者，最终会选择酷一点的哲学。而软心肠的作者，则更多亲近有内倾倾向的哲学。以这个标准看，王国维一定是个软心肠的人，他亲近叔本华、尼采的哲学，虽然在理智上，他早已清楚可爱者不可信。

将学术路向的选择，归诸个人内在的个性气质，相当有道理。不过，应该看到的是，在研究者的个性气质之外，学术传统的惯性力量是相当强大的。甚至可以说，从一个比较大的视野看，学术传统"制约"着在其内部生长起来的学者们。电视剧《走向共和》中有一个细节，让人印象深刻。张之洞开办新学堂，请老师讲授西学。某次，张之洞到新学堂听讲，趁中间休息的时间，向青年们大谈道德修养，相当畅快。但新学教师讲的欧姆定律，却让大学者张之洞听得一头雾水，完全跟不上节奏。我不清楚这是否合乎历史真实，但电视剧通过这一细节，将新旧学思维上的巨大差异清楚地揭示出来。

* 原载《社会学家茶座》，2014 年第 1 辑。

不同的哲学路向，其表述风格亦差异颇大。在20世纪西方影响颇大的分析哲学，格外看重表述的清晰性和严格性，明确反对使用意义含糊的语词。这涉及对语言和哲学关系的理解。分析哲学的总体趋向，是"逻辑化的一元实在论"①，其强调在语言和实在之间有明确的对应关系。至于一些无法用语言清楚表述的东西，比如一些非常个人化的私人感受，一些莫名其妙的念头等，分析哲学的倡导者们则主张将其严格排除在理论之外。

研究分析哲学的学者程炼这样表述他的元哲学观点：苏格拉底身上显示出哲学探索的两项指标（我把它们简称为"苏二条"）：第一条，我们要用清晰的概念将思想清晰地表达出来，我们要用字面的意思（literal meaning）而不是修辞的方式说话；第二条，我们的思想要经得起推敲和论证，而不是愿望式的、跳跃式的、故弄玄虚的。因此，从苏二条看哲学，哲学乃是概念之学、论证之学。② 这一研究路向，看重逻辑与科学而非修辞与感受。

分析哲学的研究方法与现象学有相当大的差异。现象学学者倪梁康说："我在读英美分析哲学的时候常常会有这样一个感觉，他们的立场和现象学的立场是不一样的，他们过多地，或者说基本上是诉诸语词的使用，而不是试着通过语词来揭示语词后面的东西。"③ 用字面意思说话，而不是故弄玄虚、追求修辞所带来的快感，确是分析哲学的特长。

语言的这样一种使用方式，意味着语言的使用者尊重外部世界显而易见的事实，而不是在任何一个问题上，都热衷于抒发个

---

① 朱新民：《西方后现代哲学：西方民主理论批判》，上海：上海人民出版社，2007年，第120页。
② 参见程炼：《思想与论证》，北京：北京大学出版社，2005年，第2页。
③ 倪梁康：《普遍性与相对主义》，载陈嘉映：《普遍性种种》，北京：华夏出版社，2011年，第68页。

人内心的感受。但很多人在这方面，无论在讨论什么问题，总喜欢谈个人感受，而不是先搞清基本的事实。

　　基于事实之上的清晰表述，因为有外部世界做参照，可增强对话者相互之间的可理解性，提高对话的效率。此外，这样一种表达方式，有助于清除我们思维中可能出现的错误。这一点，对个人而言相当重要，对一个民族而言同样如此。正如斯泰宾所指出的："我坚信，一个民主的民族极其需要清晰的思维，它没有由于无意识的偏见和茫然的无知而造成的曲解。我们在思维中的失败有时候是由一些错误造成的，而如果我们清楚地看到这些错误是如何产生的，则我们在某种程度上本来是可以清除这些错误的。"①

　　但让人遗憾的是，在当代思想界，清晰的说话方式相当少见。而且在一些人看来，用清晰的语言说话，似乎是对其理智的侮辱。

　　许多人之所以热衷于玄奥的智力游戏，主要有两方面的原因。一个原因是缺乏真正把事情说清楚的能力。另一个原因是言说者在言说时，态度上缺乏基本的真诚性。这种智性上的不诚实，极大地扭曲了表述上的清晰性，而其造成的结果不过是自欺欺人。

　　就哲学研究而言，这一问题至关重要。纳斯鲍姆认为"真正更为相关的问题是，一个人如何训练自己的头脑，以及一个人在自己的学术生涯中所发现的那些批判性观点"②，而不是依赖于某一学术传统中的权威。当然，哲学研究之外，在对一般思想文化的表述上，清晰性同样值得追求。

---

①　斯泰宾：《有效思维》，吕叔湘、李广荣译，北京：商务印书馆，2008年，序，第1页。

②　谭安奎：《古今之间的哲学与政治——Martha C. Nussbaum访谈录》，《开放时代》，2010年第11期，第94页。

不过，正如上面提及的，用清晰的概念表述清晰的思想，绝不是一件容易的事。即使在分析哲学内部，清晰性都无法得到严格的保障。比如，格雷林批评维特根斯坦：从某些方面说，维特根斯坦是个诗人。人们一旦仔细考察过他的著作原文，不再被他的隐喻的光辉和诗的特质所惊服，就会发现其远远达不到哲学研究的期望和要求——论证很少，关键思想也非常缺少确定性。这是令人失望的。①

二

当代中国哲学学者的思维方式，在一定程度上受西方思想的影响，其中影响最大的当属德国思想家。而在德国思想家中，影响最大的有这么几个：黑格尔、马克思、尼采、海德格尔和施特劳斯。

黑格尔作为青年马克思的老师，被视为西方哲学的集大成者而备受推崇。其玄奥的思维方式，对中国学者的影响可谓深远。而20世纪初期的西方，因分析哲学的兴起，致使黑格尔的哲学体系部分遭到抛弃。但这一抛弃带来的后果让不少知识分子转而相信共产主义，以及后来的存在主义等学说。怀特曾这样描述这一现象：

> 前几年在日本讲学的时候，这些更加广大无边的西方哲学流派在日本青年哲学家方面所引起的激动程度，以及他们在抛弃了传统宗教信仰或康德和黑格尔体系之后，在怎样寻求某种博大的、令人安慰的和有保障的体系以统一他们的价值和态度，这都使我大吃一惊。这就是在整个欧洲和亚洲知

---

① 格雷林：《维特根斯坦与哲学》，张金言译，南京：译林出版社，2008年，第132页。

识分子相信共产主义意识形态的一种根由；同样地，这也说明了存在主义的魅力；因为他们两家都是街头哲学，都是咖啡馆哲学，而这两种哲学都声称对生活发生影响，而不幸的是它们确实对生活有着影响。①

20世纪80年代以来，尼采、存在主义等的学说曾点燃过多少中国青年的思想热情，简直难以估算，到20世纪90年代，"国学热"来了。而在"西学"领域，关于海德格尔的研究最为热闹。叶秀山说："进入90年代，形势稍转，就'思潮'来说，似乎又是'东风压倒西风'，逐渐地'国学'成为'时尚'，'西风'在'夹缝'中吹出，海德格尔似乎借圣人之骥尾，也形成一点小'思潮'，因为海德格尔晚年据说服膺东方哲学，于是中国哲学－中国文化被定为'诗意－审美'的，好像有了知音，在学理上似乎也更有了根据似的。"②

不难看出，海德格尔之所以备受青睐，是因为在不少"海学"研究者那里，其有助于证明"东方"尤其是中国哲学的深邃和高明。海德格尔之后，近十多年来，中国思想界最为流行的人物是施特劳斯。这让西方学者惊讶。马克·里拉在《北京的施特劳斯旋风——中国学者对西方哲人的怪异口味》一文中，表达了自己的不安。而就在对马克·里拉的回应中，施特劳斯的中国支持者王涛表示，中国学者对施特劳斯及柏拉图政治哲学的研究，是东西方之间的一场新对话。而代表"东方"作为谈判代表的是儒家政治哲学。在一定程度上，儒家传统的确有助于中国学者接近施特劳斯及其政治哲学，而施特劳斯及其政治哲学进而又让中

---

① 怀特：《分析的时代：二十世纪的哲学家》，杜任之主译，北京：商务印书馆，1981年，第12—13页。

② 叶秀山：《论"思潮"与"学术"》，《江苏行政学院学报》，2011年第1期，第8页。

国学者积极看待儒学自身作为政治哲学在今日中国社会中的意义。在中国,儒家传统是一个极为复杂、历时漫长的思想传统,在不同历史处境之中具有不同的形式与发展。儒家思想中的许多方面与柏拉图政治哲学是可以相互沟通的。

日本军国主义时期,在其青年大学生的阅读中,以上路数的思想家多有出场。在《西方主义:敌人眼中的西方》一书中,荷兰学者伊恩·布鲁玛(Ian Buruma)和以色列学者阿维赛·玛格里特(Avishai Margalit)这样描述:

> 许多特攻志愿者(在不同程度的外界压力下)是大学人文学科的学生。科学专业的学生被认为较为宝贵,不能轻易牺牲。从信件中可以看出,这些人阅读广泛,常常至少懂三种语言。他们最喜爱的作家有下面这些,德国哲学方面的作家是尼采、黑格尔、费希特和康德;法国文学方面的作家是纪德、罗曼·罗兰、巴尔扎克和莫泊桑;德国文学方面的作家是托马斯·曼、席勒、歌德和黑塞,许多人思考过苏格拉底的自杀和克尔凯戈尔有关绝望的著作。有些人是虔诚的基督徒。①

一个值得注意的现象,即这些西方价值观的反对者,一般而言,都与西方文化有紧密的联系。程映虹在谈到泰国时说:"如果说今天在泰国有什么对象最能把形形色色的政治对抗话语吸引到一起,那就是西方。过去西方威胁的是泰国的国家主权,现在是经济、文化、制度和核心价值。但最反西方的人其实多半集中在那些和西方关系最密切的群体,他们的生活方式体现了西方消费主义和物质主义在泰国的发展。这些人一方面享受全球化的便

---

① 布鲁玛、玛格里特:《西方主义:敌人眼中的西方》,张鹏译,北京:金城出版社,2010年,第52页。

利和舒适；一方面在情感上又非常反西方。"①

回到哲学的讨论中来。无论是海德格尔，还是施特劳斯，他们的思想无不以"深邃"著称。以至于纳斯鲍姆这样的古典学家研究者都说："我确实不太明白施特劳斯学派的立场，因为它总是表达得如此间接，例如通过对文本的隐微解读之类的方法。"②而对于海德格尔的"深邃"，如果与其师胡塞尔做比较，当有助于我们认清其实质。关于现象学，胡塞尔曾说，不过就他和海德格尔两人而已。但师徒二人在对哲学的看法上有相当大的差异。在《哲学作为严格的科学》一书中，胡塞尔这样讨论"深邃"与"明晰"：

> 深邃是混乱的标志，真正的科学要将它转变为一种秩序（Kosmos），转变为一种简单的、完全清晰的、被阐明的秩序。真正的科学在其真实的学说领域中不包含任何深邃。深邃是智慧的事情，概念的清晰和明白是严格理论的事情。将那种对深邃的预感改变为明确的、合理的构形，这是严格科学之新构造的一个本质过程。③

在《哲学作为严格的科学》一书的"单行本编者后记"中，编者斯基拉奇这样说："明见性标准对于胡塞尔一生来说都是一个比'真'的标准更为严格，也更无问题的标准。"④ 而在海德格尔那里，则没有这样的严格性标准。从这一角度大致可以看

---

① 程映虹：《昔日左翼变成了今日右翼——泰国原左翼知识界的变迁》，《社会学家茶座》，2012年第1辑，第71页。

② 谭安奎：《古今之间的哲学与政治——Martha C. Nussbaum访谈录》，《开放时代》，2010年第11期，第93页。

③ 胡塞尔：《哲学作为严格的科学》，倪梁康译，北京：商务印书馆，1999年，第67页。

④ 胡塞尔：《哲学作为严格的科学》，倪梁康译，北京：商务印书馆，1999年，第100页。

出,为什么中国学者的研究,在分析哲学与现象学之间,更多选择现象学,而在胡塞尔与海德格尔之间,更多选择海德格尔。

不同的运用思维风格,反映着思想者不同的个性特征。倪梁康说:"海德格尔绝不是一个愿意把牌亮出来摊在桌面上的人。"他进一步指明:"……'深邃与明晰'不仅可以是指胡塞尔与海德格尔哲学风格的基本差异,而且在一定的意义上也可以是对在两位哲学家的交往上所显示出来的两种个性的写照:海德格尔近乎阴深的'深邃'与胡塞尔近乎透明的'明晰'。"①

以本文的立场看,中国当代思想界对"西学"的选择性接受,大有反思的必要。而在思维方式的层面上,那种以"深邃"见长的玄奥式风格,也应该抛弃。在这一点上,罗蒂这样的西方左派说:"我极力主张,柏拉图-黑格尔-马克思-海德格尔的那种浪漫主义倾向,即世界历史的浪漫主义倾向,是我们现在应该丢弃的梯子,没有这种浪漫主义倾向,理智生活和左派政治学现在会更好得多。"②

三

在海德格尔与中国古典思想的"比较"研究上,中国学者用力甚多。但正如叶秀山所言:"在某种程度上,我们和海德格尔,也仅是'泛泛之交'而已,而海德格尔对于道家、佛家之交,也只能是这种类型的,他真正的'知己朋友'是古代希腊诸家,康德、黑格尔、尼采等人,当然首先是他的老师胡塞尔。"③ 但如

---

① 倪梁康:《深邃与明晰——海德格尔-胡塞尔关系漫谈》,http:/www.360doc.com/content/19/0613/18/3302078_842245487.shtml/,2012年5月1日。
② 罗蒂:《真理与进步》,杨玉成译,北京:华夏出版社,2003年,第202页。
③ 叶秀山:《论"思潮"与"学术"》,《江苏行政学院学报》,2011年第1期,第8页。

上述，海德格尔式的"深邃"，不可能来自其师胡塞尔。

如此，则是否可以说，海德格尔的"深邃"，内在于西方哲学传统。纳斯鲍姆明确否认这一点，她就此说："自苏格拉底开始，哲学一直具有深刻的民主色彩。因为他表明，在哲学中是没有出身、阶级、种族、性别方面的等级问题的，唯一重要的是论证的质量，而这是完全独立于权威的其他根源的。苏格拉底的意思是，不要相信权威的这些其他根源，只相信论证。还有另外一种从事哲学的方式，它部分地属于欧陆传统，我将其与海德格尔联系在一起。这种方式很不一样，它是隐微的、权威式的，你要让自己屈从于强有力的领袖人物的人格。我很不赞同这种方式，我甚至不确定它是否可以被称为哲学。"①

施特劳斯学派的研究，建立在对古典哲人"隐微写作"的解读之上。简单说来，这一进路有两个问题。一是他们对"真理"的理解，好像在古典哲人那里，真理是个显而易见的东西；哲人们在找到真理之后，出于种种顾虑，将其藏在著作的字里行间，以待有"天赋"的人来"挖掘"。二是他们忽视古典哲人的"质朴性"。陈嘉映就此解释说："我说的质朴性，在某种意义上就是想说，柏拉图像我们一样是学生，他在学习、在思考，他想把自己想的事情说清楚但还来不及，他在努力地要把自己想的那个东西说清楚。"②

无论是海德格尔还是施特劳斯，其"深邃"的运思风格，因为无法在理性的层面上做更多的讨论，最终只能诉诸"大师"的权威或人格。而以此为进路来诠释中国古典传统，有某种教条主义的危险。正如马恺之（Kai Marchal）所言："模仿施特劳斯，

---

① 转引自谭安奎：《古今之间的哲学与政治——Martha C. Nussbaum 访谈录》，《开放时代》，2010 年第 11 期，第 93 页。

② 陈嘉映等：《关于"普遍性"的讨论》，载陈嘉映主编《普遍性种种》，北京：华夏出版社，2011 年，第 163 页。

冒充施特劳斯的隐秘立场来诠释中国传统，实在不难；不过，针对一个如此注重敌友之分的哲人，后来的读者容易陷入'只能追随大师的脚步而无法衍生自己的创见'（Epigonentum）的困境，以'施特劳斯的读者'的特殊身份而不敢挑战施特劳斯，最后无法避免一种缺乏哲学意识与反思能力的新教条主义。"① 在今日中国思想界，来自西方的"大师"们，早就成了一种"教条"。

而在此之前，"新左派"主将们繁复而晦涩的语句，早已让读者领教了什么叫"深邃"。罗蒂评论说："当代学院左派似乎认为，你的理论越抽象，就越能颠覆现有的秩序。你的概念工具越有气势、越新奇，你的批判就越激进。"② 在这里，罗蒂评论的是西方学院"左派"的情况。

但在罗蒂看来，西方学院"左派"们以形而上学的方式来讨论社会－政治问题，在根本上是毫无意义的：

> 通过概念问题化来颠覆社会机构的尝试产生了几本好书，但也出现了代表学院式哲学研究最低水平的数千本书。这些蓄意"颠覆"的著作的作者笃信他们在为人类自由服务。但我们几乎不可能从他们的书上爬下来，回到适度抽象层次上去讨论一条法令、一个条约、一个总统候选人或一个政治策略的优点。尽管这些作者常常将很具体、很切近生活的某件事情理论化——如正在播放的一个电视节目、一个媒体名人、最近的一件丑闻——他们提供的解释却非常抽象，非常贫乏。③

---

① 马恺之（Kai Marchal）：《中国的施特劳斯思想旨趣》，《中国图书评论》，2008年第10期，第78页。
② 罗蒂：《筑就我们的国家：20世纪美国左派思想》，黄宗英译，北京：生活·读书·新知三联书店，2006年，第68页。
③ 罗蒂：《筑就我们的国家：20世纪美国左派思想》，黄宗英译，北京：生活·读书·新知三联书店，2006年，第68—69页。

以本文的立场看，罗蒂的这一观点，是完全可以接受的。即在社会－政治问题的讨论中，那种过度抽象的方式，应及早抛弃。但西方学院"左派"们顽固地相信，他们的工作具有极大的重要性，以至如罗蒂所言，成了一种宗教："左派专门研究的所谓'理论'实在太像宗教了。因为文化左派越来越相信，我们必须把我们的国家放置在一个理论参照框架内，放置在一个广阔的类似宇宙论的视角内。"① 而宗教则无需论辩，只需信仰；因此，他们对相关问题的表述，就无需考虑清晰性问题。

应该看到，诸种西方学院"左派"理论，无论有多么迷人的外衣，其将社会－政治问题高度抽象化的行为，不过表明了一种愚蠢的傲慢和显而易见的怯懦。罗蒂指出："哲学化而后进入政治领域的徒劳努力表明左派对国家的问题从行动主义立场撤退到了只搞理论的旁观立场。"② 而我想说的是，这一"撤退"所表明的，不过是一种不负责任的态度。

---

① 罗蒂：《筑就我们的国家：20 世纪美国左派思想》，黄宗英译，北京：生活·读书·新知三联书店，2006 年，第 70 页。
② 罗蒂：《筑就我们的国家：20 世纪美国左派思想》，黄宗英译，北京：生活·读书·新知三联书店，2006 年，第 69 页。

逻辑在社会－政治领域中的必要与限度

对逻辑在公共生活的运用,人们有两种截然不同的看法。一种看法认为,在社会－政治领域运用逻辑,其所带来的后果多是灾难性的。因此,对逻辑在公共领域的运用,应有足够的警惕。比如,1925年3月24日英国政治家张伯伦在众议院发言:"我深深地不信任逻辑,当人们把逻辑应用到政治上的时候。"[①] 他就此问题分析道:"为什么跟别的国家比较,我们国家的发展是和平的而不是剧烈的?为什么在最近三百年里我们国家经历了巨大的变化,却没有遭遇过震撼那些比我们更具逻辑头脑的国家的突如其来的革命和反复?这是因为本能和经验都教导我们,人类天性不是逻辑的,把政治机构当作逻辑工具看是不聪明的,和平发展和真实改革的途径在于明智地约束自己,不把结论推到它的逻辑的终点。"[②] 在张伯伦看来,英国在近代以来之所以取得持续稳步的发展,一个重要的原因,是英国人遵从"本能和经验"的"教导",而不是盲目追随逻辑推论。

---

* 原载《社会学家茶座》,2014年第2辑。
① 转引自斯泰宾:《有效思维》,吕叔湘、李广荣译,北京:商务印书馆,2008年,第4页。
② 斯泰宾:《有效思维》,吕叔湘、李广荣译,北京:商务印书馆,2008年,第4—5页。

另一种看法认为,鉴于有关公共议题争论中的混乱和不负责任,论争双方学习遵从逻辑,是一项基本的功课。进而有论者认为,在批判种种虚假观念方面,药方还是那一剂:逻辑。

表面看来,第一种看法对逻辑在社会-政治领域的运用,持有相当警惕的态度甚至直接就是否定性的。而第二种看法,则对同样的问题,持肯定甚至提倡的态度。这似乎是矛盾的。不过,如果我们稍作分析,即可发现上面的两种看法,其论述角度不尽相同。

张伯伦是一位政治家,他的上述言论,是在一个相当宏观的层面上展开的。一方面他看到了人们盲目遵从逻辑带来的不良后果,另一方面对逻辑的限度问题,他也在直觉上有所洞察。而持第二种看法的人,则不同于张伯伦着眼于国家的角度,而更多面向社会,面向一般性的公共论争或观念批判;因此,其论说更多强调逻辑在公共领域中的必要性,而对其限度有所忽略。

从这两种看法出发,我们也可以看到,有关逻辑与公共生活的问题,牵涉诸多方面的因素,不可一概而论。本文试从逻辑之于公共生活、政治判断及对学术、政治的影响等方面入手,对相关问题做一初步的讨论。

一、逻辑之发展与公共生活

诗人叶芝说,与人争辩,乃有逻辑。这句话的意思是,只有在与他人的争辩之中,逻辑才能发展起来。这里的争辩一定是公共意义上的,关涉公共议题,可容第三者来评判的。如果仅仅关乎私人生活,许多问题就会涉及私人情感、日常生活中的细枝末节等,关于这些事情的表述,其采用的语言,往往并不合乎逻辑,甚至也无法用逻辑来规范。

逻辑与争辩相关,意味着逻辑关乎语言。从词源学上看,正如穆尼茨所指出的:"'逻辑'一词导源于希腊词"逻各斯",按其广义与逻各斯一词的复杂意义是一致的。逻辑处理的是人类独特的言语能力,推理能力、概念思维的能力和理性探究的能力。"① 从这一简略的说明看,逻辑②是指运用清楚的概念,正确运用相关原理进行推论,以及进行"理性探究的能力"和态度。正确运用逻辑,无论是在政治领域还是在科学领域,都能使相关争论更为有序,且能因此而对相关事物有更为清晰、系统的认识。

已如上述,逻辑关乎争辩,无论在何种公共议题上。而争辩发生的可能和前提,是有争辩的自由。从历史的角度看,古希腊之所以是民主和科学的诞生之地,一个很重要的原因,就是在当时的希腊社会,至少与同时期其他地区相比而言,古希腊的公民享有更多的自由。这种自由主要表现在人们对政治或科学问题有发表自己看法的机会,而不必过于担心可能遭受的压制。这样的话,古希腊的公民参与政治的热情和探究外部世界的好奇心,就不会因统治者的压制而泯灭。

在古希腊,热衷参与公共事务的公民,需要通过公开演讲或与人辩论的方式公开发表自己对公共事务的看法。正因为有这样的需要,一大批教授论辩术的智术师来到希腊,公开兜售自己的学问。其中的佼佼者比如普罗泰戈拉这样的人,因此相当富有。

---

① 穆尼茨:《当代分析哲学》,吴牟人、张汝伦、黄勇译,上海:复旦大学出版社,1986年,第8页。

② 一外国哲学词典的"逻各斯"词条,有这样的解释:"希腊语 logos 一词,亦作 Logos,音译有'逻各斯',有'理性''理念''词''谈话'等意,该词源出希腊语 Legein,意为'说'(to speak)。在哲学上含义丰富,大体有以下含义:任何讲的或写的东西,包括虚构的故事和真实的历史;所提到的和价值有关的东西;与感觉对立的思想或推理;原因、理性或论证;事物的真理;尺度,完全或正当的尺寸;对应关系、比例;一般的原则或规律;理性的力量;定义或公式。"参见冯契:《外国哲学大辞典》,上海:上海辞书出版社,2008年,第60页。

苏格拉底批评智术师们只有对具体事务的一般意见，而不追求永恒的真理，而且他们收钱授徒，因此在道德上是可鄙的。但在20世纪政治哲学家汉娜·阿伦特看来，将政治与哲学切割开来，无疑更为明智。如此看来，尽管智术师们所兜售的论辩术中，有不少修辞甚至是诡辩的成分，但他们的工作对推动逻辑的发展，有不可否认的贡献。

另一些惊奇于外部世界的人则运用逻辑和数学的手段，对相关问题进行严格、系统的研究。这就诞生了早期的科学。关于科学的认识，有研究者引述说："克拉格特（Glagett）曾这样描述科学，说科学首先是'对自然现象有序而有系统的理解、描述和（或）解释'，其次是'进行这项工作所需要的工具'，特别包括逻辑和数学。"① 由此可见，没有逻辑和数学这样的工具，科学研究很难取得较大进展。

事实上，在科学研究中，逻辑在作为一种工具使用的同时，还有助于培养一种理性探究的态度。而这样一种态度和由此可能设想出来的方法，对科学研究者而言是相当重要的。有学者在研究早期希腊科学时道："不过米利都哲学家们的思辨确实有两个重要特点，使他们的思考有别于他们之前的希腊或非希腊思想家们的思考。第一个特点可以说是自然的发现，第二个特点则是理性的批判与辩论活动。"② 研究外部世界，对自然的发现自不待言。此外，我们也可看出，一种理性的批判和辩论对推动科学的研究有极重要的意义。

关于上述观点，或许在比较之中更容易理解。在对希腊科学和中国科学的比较研究上，有学者指出："希腊统治者们的利益

---

① 劳埃德：《早期希腊科学：从泰勒斯到亚里士多德》，孙小淳译，上海：上海科技教育出版社，2004年，第1页。

② 劳埃德：《早期希腊科学：从泰勒斯到亚里士多德》，孙小淳译，上海：上海科技教育出版社，2004年，第7页。

整个儿说来与国家的宇宙比喻的发展无关。在掌权者的决策中没有哲学家们的声音。因为知识分子不受国家道德的限制,因为他们所起的社会作用是反对而不是同意,他们的态度反映了很多不同的国家定义和宇宙定义。"①

有学者指出:"整个说来,中国人看重一致正如希腊人看重争论。"② 因此,这样一来,即使偶有发表意见的机会,因为一直以来缺乏训练,很多人也会语无伦次。缺乏公共生活中的论辩与交锋,逻辑也就很难有机会得到发展。有学者指出:"比较学家们浪费了这么多精力,牵强地在早期中国哲学中寻找逻辑,而没有一个人认真研究了希腊逻辑同中国语义学的互补性。归根结底,语义学是历史学家们称之为名家的大多数讨论的实质。"③

简而言之,从历史的角度看,逻辑的发展与公共生活有密切关系。开放的公共生活,促进了逻辑的发展;反过来讲,逻辑的发展又提高了公共论辩的水平,从而提升了公共生活的质量。在科学领域,开放而理性的批判和争论,在促进科学发展的同时,也完善了逻辑自身。从一个较为宏观的视野看,在中国传统中,无论是在社会-政治领域,还是在关于外部世界的看法上,都较少争论。

二、逻辑化之于政治判断

如上所述,一种高度开放的公共生活,有力地促进了逻辑的

---

① 席文:《比较希腊科学和中国科学》,周榕芳主编:《三思评论》(第2卷),南昌:江西教育出版社,1999年,第33—34页。
② 席文:《比较希腊科学和中国科学》,周榕芳主编《三思评论》(第2卷),南昌:江西教育出版社,1999年,第34页。
③ 席文:《比较希腊科学和中国科学》,周榕芳主编《三思评论》(第2卷),南昌:江西教育出版社,1999年,第28页。

发展。而逻辑在公共辩论中的有效运用，也提升了公共生活的质量。在当代中国，因为互联网的出现，人们通过网络来讨论公共问题，较之以往无疑有了更大的空间。我们也看到，目前网络上的种种讨论总体水平还不高。当此之时，一些作者指出逻辑在社会-政治领域的重要意义，进而呼吁一种理性的对话方式是相当有价值的。

不过，就其问题本身而言，在呼吁遵从基本的逻辑原则、倡导理性对话的同时，讨论逻辑在社会-政治领域的局限性同样是有必要的。两者之间并无实质性的矛盾，反而构成了一种互补性的关系，有利于深化我们对此问题的认识。

逻辑的基本规定，是有效的推理，必然地得出的。不过，在遵循这一基本规定的同时，古今逻辑之间有相当大的差异。一个最明显的标志是现代逻辑的高度技术化。在古典时期，逻辑规则寓于具体问题之中，尽管粗糙，甚至个别地方有谬误，但总体而言，不失其可感性。一般的公民即使未接受过专门的训练，亦大致能理解相关内容。而逻辑发展的结果，是现代逻辑的高度技术化。现代逻辑有其显而易见的优点，能解决许多传统逻辑无法解决的问题。但在本文所关心的问题上，现代逻辑高度的技术化、专门化这一特征，所带来的就不一定是好事。因为高度技术化的前提，是去语境化，这就使现代逻辑和社会生活之间成为两个完全割裂的领域。而且对普通人而言，要理解现代逻辑本身就颇为困难。

关于这一问题，有论者指出："在风格神秘而且不情愿澄清这些方面，很多哲学逻辑学家和某些最晦涩的后现代主义者是同路人。"[①] 现代逻辑的去语境化特征，不仅使普通人感到困难，

---

① 汉森：《哲学中的形式化》，《哲学分析》，赵震译，2011年第8期，第10页。

即使对专业研究者而言，想要通过对现代逻辑的学习而获得在社会－政治问题上的明智见解，也几乎是不可能的。赵汀阳因此说："拥有逻辑知识并不能保证有效地应用。""逻辑不仅是一种技术，而且还是一种态度，准确地说就是理性态度。如果缺乏理性态度，多高的逻辑技术都无以致用。"①

在一定程度上，逻辑在社会－政治领域的运用，的确有其必要。但如果就此认为，一个人只要具备较高的逻辑素养，即可形成明智的政治判断，则是对人的无知。因为一种社会－政治判断的形成，取决于多方面的因素，而逻辑或理性只是其中的一个因素。之所以如此，是因为人本身就不是纯粹理性的。有论者就此指出："我们的行为是深深地根植于过去的传统之中的。我们不是纯粹理性的人。要是我们能牢记这一点，我们将会避免很多错误。把别人的信念，包括他们的宗教信仰，称为迷信，而对于我们自己的态度中的迷信成分毫无感觉，这是太容易了。"② 从这个角度看，一个人要真正做到以理性的眼光看待人或事，其实是相当困难的。

现代逻辑的奠基人弗雷格，其晚年在社会－政治方面的判断是"令人沮丧的"。研究弗雷格的专家比尼在访谈中指出：

> 当他（指弗雷格——引者注）1917 年退休时，他搬到他在波罗的海岸边的祖居地，由于来自维特根斯坦的一笔馈赠，在经济大萧条时期还能够买一所房子。他发表了构成"逻辑探索"的三篇论文，但他也保留了一部日记，里面表达了一些令人不快的右翼的和反犹太的观点。这些观点在第

---

① 转引自石勇：《是什么让中国人"不讲逻辑"》，《南风窗》，2012 年第 9 期，第 91 页。

② 斯泰宾：《有效思维》，吕叔湘、李广荣译，北京：商务印书馆，2008 年，第 37 页。

一次世界大战的梦魇之后的德国并非少见。不过,我仍然认为,一个具有弗雷格这样出类拔萃智力和品质的人,在其晚年产生这样的看法,还是令人沮丧的。①

举这样的例子不过是想提醒一下,社会-政治问题有其特殊的复杂性,要理解这一点,进而形成明智的政治判断,光凭逻辑是不够的。

关于知识有种种不同的分类。不过常见的一种分类法,是将知识分为两类:一种是事实性的,另一种是推论性的。逻辑的知识大致属于后一种。事实上,在特定的社会-政治环境中,事实性的知识对形成明智的政治判断尤为重要。当然,光有琐碎的事实,而无必要的分析能力,也很难形成明智的判断。

不过,一个判断的形成,并不只是简单的事实加逻辑,还有更为复杂的因素。这里举一个例子。在传统的看法中,历史比较看重事实性知识。而现代社会科学则在基本的事实之外看重研究的方法,当然也更强调逻辑的一致性。

通过以上简单讨论,我们大致可认为,逻辑在社会-政治领域有其限度,主要原因有两点:一是逻辑的高度技术化,使掌握和运用这门技术非常困难;二是一个政治判断的形成,在事实和逻辑之外有复杂的因素。而且,要想通过运用逻辑得出比较靠谱的结论,一个比较开放的公共环境是必不可少的。

即使如此,在社会-政治领域,逻辑的运用仍有其必要。而有效运用的前提,是对这个世界之复杂性的确认。正如有论者所指明的:"许多人都错误地认为,对于任何不是一清二楚的东西是无法进行逻辑思维的。如果是这样,那么跟我们处于实际生活中的人有关的种种事务,很少能够加以合理的思考了。我们生活

---

① 比尼、陈波、中户川孝治:《弗雷格,他的逻辑和他的哲学——迈克·比尼访谈录》,陈波译,《世界哲学》,2010年第2期,第67页。

于其中的世界不像一套卡片索引那样清清楚楚。忽视这样有关重要的事实是不合逻辑的；承认这个事实不是不合逻辑的。"①

三、逻辑之于学术及政治

以上讨论，大致已说明逻辑在社会－政治领域的必要及限度。而在本小节中，我将大致讨论逻辑之于学术及政治的不同意义，并对其可能起作用的方面有一个大致的说明。总体说来，提高研究者的逻辑素养有极大的必要性。而在社会－政治领域，则不能一味鼓吹逻辑的好处，因为其所带来的后果有可能是灾难性的。当然，在具体的公共问题的讨论中，逻辑的运用有其必要。比如，在讨论公共问题时，应尽可能使用比较清楚的语言，摆事实讲道理，提供有效的论证等。

在一本指导研究生学术研究的书中，作者指出在大多数学术领域，存在"整洁派"和"邋遢派"的区分：

> 大多数的学科领域长久以来都存在着"整洁派"与"邋遢派"的区分。"整洁派"关注形式，提供对所在领域的有条理的、抽象的描述；"邋遢派"关注对事实的真正理解，虽然他们可能无法将事实有条有理地表达出来。这两大派别之间的关系有时是互相鄙视，有时是激烈争执。"整洁派"通常在学术圈拥有更高的可信度，因为他们会使用令人望而生畏的数学论证。"邋遢派"通常在实业界拥有更高的可信度，因为他们积累了很多实际经验，能讲很多"战争故事"，比如他们知道如果卫生安全局监管不善将会发生什么状况。有些人则界于两个派别之间，既能讲故事，又有能力做高深

---

① 斯泰宾：《有效思维》，吕叔湘、李广荣译，北京：商务印书馆，2008年，第11页。

的论证。这些人往往会成为领域内的"领袖",因此也就会得到邀请参加众多高层会议,享受免费的会议餐。①

需要说明的是,在本文的叙述中,"整洁派"不是指"他们会使用令人望而生畏的数学论证",原因在于,我这里所讨论的"学术",主要局限于人文领域;众所周知的是,一些人文学者,可能数学不太好。而且就人文学科本身的性质而言,数学的运用领域也相当有限。我这里说的"整洁派",强调有一定的逻辑素养,有运用抽象概念进行一般推论的能力。之所以强调这一点,是因为一定程度的抽象性有其显而易见的优点,比如能使我们的研究更具解释力,可以得出更具普遍性的结论,等等。

就目前的人文学术而言,"邋遢派"居多数。一个重要的原因,是研究者缺乏思维方面的基础训练,而对方法论本身亦不甚重视。长此以往,就似乎形成了某种学术传统,研究者们在强调事实性知识积累的同时,有意忽视甚至贬低抽象思维的训练,其造成的后果是,我们的人文研究多停留在资料粗加工的阶段,很少真正有价值的学术成品出现。这种状况亟待改观。

在社会-政治领域,情况则极为复杂。鲍曼说:"最邪恶、最残忍、最嗜血的统治者必须保持他作为理性之坚定传播者和守护者的形象——否则,就只有灭亡。对臣民致辞,他必须是在'与理性对话'。他一定要护卫理性,称颂计算成本与结果的价值,用逻辑来抵制非理性的、不计成本和拒绝遵从逻辑的情感和价值。"② 这种理性的僭越,造成的后果是最惨绝人寰的人类灾难。因此,在实践领域,英国政治家张伯伦的警告相当

---

① 鲁格·彼得:《给研究生的学术建议》,彭万华译,北京:北京大学出版社,2009年,第162页。

② 鲍曼:《现代性与大屠杀》,杨渝东、史建华译,南京:译林出版社,2011年,第265页。

有道理。

除此之外，对于公共议题的辩论，相当多的情况下，人们无法达成共识。摆事实讲道理，"事实"和"逻辑"，本身就纠缠不清，而何况"哪个深厚的看法能够充分还原为事实和逻辑"①？如此一来，在许多涉及公共利益的问题上，就不可能得出清晰明确的结论。在对许多公共事务的处理上，也就不可能一刀两断、干脆利落。尊重这一事实，意味着尊重一种深刻的政治智慧。英国人在这方面做得比较好，正如部分论者所指出的："照我看，英国人倾向于相信人们有各种利益、各种目的，各种有待解决的问题；他认识到这些不同的目的和不同的利益不是经常能够和谐解决的，这些不同的问题不都是能够爽爽快快解决的。因此，英国政治家们就喜欢采取零打碎敲的解决法，把解决不了的问题往后推一推。"②

针对社会－政治问题，没有一揽子的解决方案，但在讨论解决具体问题的过程中，逻辑又有其必要。在目前的公共讨论中，有不少相当有名的作者，笔端常带感情，嬉笑怒骂皆成文章。这当然解气，读者在阅读的过程中也颇感快活。但有必要认识到，这种带有极强感情色彩的语言，从长远看，并不利于一个公共空间的形成。关于这一问题，有论者明确指出："使用强烈语言的习惯导致扭曲思维。"③"带感情色彩的词语可能不是使听众，也使我们自己，看不见这样一个事实，即已经在论证之前就作了结论。"④"在诗歌中，在雄辩中，带感情色彩的语言也许对于说话

---

① 陈嘉映：《说理》，北京：华夏出版社，2011年，第213页。
② 斯泰宾：《有效思维》，吕叔湘、李广荣译，北京：商务印书馆，2008年，第14页。
③ 斯泰宾：《有效思维》，吕叔湘、李广荣译，北京：商务印书馆，2008年，第60页。
④ 斯泰宾：《有效思维》，吕叔湘、李广荣译，北京：商务印书馆，2008年，第63页。

的人所要达到的目的是必要的。这个时候它就是好语言,因为合乎当前的目的。可是如果我们要思考一件事情,使用带感情色彩的语言就妨害我们达到我们的目的。这种语言可能成为有效思维的不可克服的障碍。"①

  问题讨论到这里,我的看法大致是这样的,即在关于公共议题的讨论中,在一些比较特殊的情况下,作者因极度的愤怒而使用带有强烈感情色彩的语言是可以理解的。不过,在更多的情况下,使用清楚明白的语言,依照基本的逻辑规则参与讨论,对未来公共空间的形成当有更多正面作用。而且用分析性的语言来讨论问题,即使出现错误,也较易改正,而不至于自欺欺人,酿成大错。而"那些习惯于给一种政治制度、一种行动方针、一个阶层的人加上一个难听的形容词的人,往好处说是把有关的事实过分简单化,否则就是含糊不理会那些事实"②。而如果以这样的方式介入公共论争,其造成的后果就不是解决问题,而是制造混乱。

  当然,一个较为健全的公共空间的形成,有赖于一个开放的言论环境。在这样的环境中,基本的事实才能得到传播,相关的问题才能在充分论辩后得以澄清。在这样的社会中,逻辑将发挥更积极的作用,因为如果基本的事实是清楚的,那么在此基础之上,得出什么样的结论就更多依赖于人们的直觉和洞察力;但光有直觉和洞察力尚且不够,论证的任务将更多依赖于逻辑的力量。

---

  ① 斯泰宾:《有效思维》,吕叔湘、李广荣译,北京:商务印书馆,2008年,第56—57页。
  ② 斯泰宾:《有效思维》,吕叔湘、李广荣译,北京:商务印书馆,2008年,第76页。

辑二 评论

为自由的绝对优先性辩护*
——评黄裕生的《站在未来的立场上》

一

2014年，黄裕生教授在北京生活·读书·新知三联书店出版了《站在未来的立场上》一书，其中收录了他此前发表的一系列学术论文和短论。尽管这是一本文集，但全书的整体思路相当显豁，即为自由的绝对优先性辩护。

我们从全书各编的标题，即可大致看出作者的思路。第一编为"哲学的返乡之旅"，作者在这一编里思考的主要问题大致可归于元哲学的范畴。在黄裕生看来，哲学思考的根本要旨，是让人时时从功利法则主导的现实世界中返回人本身所是和应该是的样子，即作为一个自由的个体而存在。第二编为"自由与秩序"，相对于秩序而言，自由是在先的。而真正意义上的秩序，一定是基于自由的。在有自由的地方，哪怕一时动荡或不安，但总体上一定是有序的。相反，在没有自由的地方，表面上的秩序井然却是暂时的，而且有可能会酿成巨大的悲剧。第三编为"多元的前提"，其答案同样是自由。基于自由的多元，才有可能是生机勃

---

* 原载江畅等：《价值论与伦理学研究》（2017下半年卷），北京：社会科学文献出版社，2018年。

勃、欣欣向荣的。第四编为"权利的根据",仍然是以自由立基。

在下面的评述中,我将首先谈及黄裕生关于自由本性的探讨,并将黄裕生关于自由之绝对优先性的论证与罗尔斯的政治哲学做一个简单的比较,并运用这一比较的结果,对当下流行的"左翼自由主义"思潮做一简评。接着,我将沿着黄裕生的相关论述,简要考察一下自由与历史(传统)、现实(面包、幸福)及未来(希望)的关系。

二

"自由"是我们这个时代的高频词汇,但无论在日常语言还是理论表述中,这一语词的基本含义又往往难以界定。人们在不同的意义上、不同的语境中使用这一词汇。而在黄裕生那里,在存在论的意义上讨论自由,是一以贯之的思路。在此之前,他关于康德、奥古斯丁及托马斯·阿奎那的研究,无不是从这一总体的思路出发,在不同的层次上阐明此点。在黄裕生看来,人作为自由的个体不同于物的根本之处在于,人有独立的位格(Person),因此,是不可完全被认识、被把握的。而且,作为有限的存在者,无论是对他者,还是对于自身,人都不可能有绝对意义上的认识。而这,正意味着人之自由存在,在某种意义上有其神圣性。

在这本文集中,黄裕生继续了这一思路。在《拒绝基督再临的理由——论自由与幸福的虚假对立》一文中,他写道:"自由不是人身上一种可以取消或附加的品性与功能,而是人不得不在的一个位置,是人不得不承担起来的一种存在方式。换言之,自由是人的一种存在论意义上的存在,而非存在意义上的功能性存在。在这个意义上,自由甚至是不可被剥夺的,而只能被蔑视、被压制与被敌视。"① 作者在这里的表述，在相当基础的层面上，表明了自由的绝对优先性。而这里所谓的"绝对"，就是指无条件的意思。也就是说，人之自由本性，具有无条件的不可被剥夺性；尽管在现实的世界中，它时常被蔑视、被压制和被敌视。

在20世纪晚期的政治哲学中，关于自由之优先性的强调，当以罗尔斯最为著名。在《正义论》中，自由之优先性的问题，被表述为一种字典式的排序。这就意味着自由与其他诸价值比如平等的关系，是在一个层面上的，只是排序不同而已。尽管如此，罗尔斯在《正义论》阶段的道德哲学，被视为是对康德道德哲学的现代改造，因此在一定意义上，他对自由的论证多少仍带有一定的形而上学倾向。而到了《政治自由主义》阶段，罗尔斯关于自由的论述，则完全放弃了形而上学的立场，纯粹是从政治自由的角度出发的。在《政治自由主义》一书的"平装本导论"中，罗尔斯写道："政治自由主义不是一种启蒙自由主义的形式，即是说，它不是一种完备性的自由主义学说，不是一种常常被认为是基于理性并被视为适合于现代的世俗学说，基督教时代的那种宗教权威已不再具有宰制性了。"②

黄裕生坚持康德哲学的立场，捍卫自由的绝对优先性。从这个角度看，自由与其他诸价值的关系，就不在一个平面上；自由是一种元价值，处于更基础的地位。从这一立场出发，黄裕生对那种过于强调实质平等的观点提出了批评。他在《学者，请告别文人角色》一文中写道："在一个个人的自由及其生而具有的自然权利可被任意侵害与欺凌的社会里，在一个满街还都被视为草民的社会里，如果学者们不是把如何确立和维护个人的自由权利

---

① 黄裕生：《站在未来的立场上》，北京：生活·读书·新知三联书店，2014年，第154页。

② 罗尔斯：《政治自由主义》，万俊人译，南京：译林出版社，2000年，第26页。

这一涉及立国之本的问题，而是把如何获得实质平等这一首先是社会政策层面上的问题，当作这个社会要解决的根本问题，那么，这样的学者要么是在转移这个社会的问题，要么就是对人之为人的自由还缺少真正的意识。"①

黄裕生的这一批评性的观点，为我们考察当下的政治思潮，提供了一个原则性的评价标准。比如有些学者以罗尔斯的政治哲学为论述的出发点。也就是说，他们虽然认可自由的优先性，但在自由与平等的关系问题上，始终将两者放在同一个平面上。这在一个自由的良序社会里，因其已形成了一种崇尚自由的公共政治文化，所以大致是没有问题的。比如罗尔斯本人就清楚地指明，他的《正义论》适用于一个自由的制度得以充分确立的社会，而并不对其他类型的社会具有普遍性的指导意义。从这个角度看，前述学者们对实质平等的更多强调，或许正如已有论者所指出的那样，有其策略方面的意义。但如果将这一"社会政策"层面上的问题，视为政治哲学的一个最主要的思考方向，则至少是误导性的。

三

在存在论的意义上确立自由的绝对优先性，并不意味着自由只是形而上学层面上的抽象存在，相反，这一意义上的自由密切相关于人类的历史、现实及未来。

无论是人类或某一民族的历史，从某种意义上说，都无不应当以自由为界标。黄裕生在《中华民族是一个思想性的本原民族——从什么是哲学谈起》一文中写道："任何一个民族的历史

---

① 黄裕生：《站在未来的立场上》，北京：生活·读书·新知三联书店，2014年，第206页。

首先是一部精神—思想自由展开的'艺术史',而不是物质形态演变的'工具史'。除了自由的精神思想,没有任何其他东西能够成为历史的基础与核心。"① 从这个角度看,那种仅仅以工具为标识的历史,其实只是工具史,而不能将其视为人类史。

而在现代语境中,自由与历史之关系的一个重要面向是处理自由与传统的关系。在一些现代性后发的国家里,维护传统的一种思路,即所谓的特殊主义:某一传统是有特色的,因此就是有价值的。当然,在一定的意义上,我们可以说特色本身就有价值,但这里的问题在于:这种价值有多大?或在一种观念的自由竞争中,有特色的传统到底有多大的竞争力?在黄裕生看来,对传统的特色论解释,本身就意味着不知传统为何物,亦是对传统的断送。他在《维护传统的出路——普遍主义还是特殊主义?》一文中写道:"维护传统的出路和价值不是特殊主义,而是普遍主义。任何以传统为由的特殊主义信念与特殊主义实践,都是在自己的民族(或国家)与其他民族之间制造'精神隔都',从根本上说是否定自己的民族及其所属的传统对人类负有普遍性的使命。"② 在这个问题上,我们可以很清楚地看到,任何特殊主义的论述,其实都是内缩式的,而这会禁锢一个民族的精神发育。因为在封闭的"精神隔都"中,在一种没有观念的自由竞争的环境中,再有生机的传统都难免僵化。

具体到中国的思想境遇中,人们讨论比较多的一个问题,即如何看待儒家思想在现代社会中的地位和功用。这是一个相当宏观的问题,我对此并没有成熟的看法。在这里只想简单谈一下康德哲学与儒家的关系。在新儒家看来,康德的道德哲学与儒家的

---

① 黄裕生:《站在未来的立场上》,北京:生活·读书·新知三联书店,2014年,第47页。
② 黄裕生:《站在未来的立场上》,北京:生活·读书·新知三联书店,2014年,第66页。

伦理观有许多共通之处。有学者指出，尼采曾经说康德是"哥尼斯堡的中国人"①，并由此指出：对康德哲学与儒家进行比较研究，对中国学者而言，是一个可望期待获得重要进展的学术领域。这样一些流行的说法，塑造出了一幅关于康德的中国圣人式的形象。我不知道新儒家的看法有多少学理上的依据，但仅从康德本人的论述看，他对儒家学说评价不高，且时有贬低之语。赵敦华在《论作为"中国之敌"的康德》②一文中，有细致的论述。

现在的问题在于，康德为什么对儒家思想评价不高？一种可能的解释是，康德对儒家了解不够，未能接触到儒家思想的精髓，因此其所谓的贬低不过是误解。或者，我们可以用流行的学术行话说，康德的论断，不过是西方中心主义的傲慢与偏见，因此不值得认真对待。在黄裕生看来，如上可能的解释，都不具备根本上的重要性。他在《康德为什么"不喜欢"中国？》一文中写道："实际上，康德、黑格尔这些德国启蒙哲学家之所以一改其启蒙先驱对中国与中国文化的积极态度，转而以否定性态度加以评判，更根本的原因乃是出于他们的启蒙哲学本身，而不是出于其他。换言之，在我看来，从莱布尼茨－沃尔夫到康德－黑格尔，对中国的评价由肯定性态度为主调转变为否定性态度为主调，其实是启蒙运动的深入、启蒙思想的成熟的结果。"③

当然，即使此说成立，我们也并不一定要以康德的意见为定准，因为在相当多的学者看来，启蒙思想本身就大有问题。以此来判定儒家，当然就无甚道理。尽管如此，我们从如上的简要论

---

① 库恩：《康德传》，黄添盛译，上海：上海人民出版社，2008年，"代序"。
② 赵敦华：《论作为"中国之敌"的康德》，《中国人民大学学报》，2010年第6期，第144—146页。
③ 黄裕生：《站在未来的立场上》，北京：生活·读书·新知三联书店，2014年，第99页。

述中，至少可以认定的是：无论康德出于何种原因或理由，并不像一些学者所说的那样，是孔子思想的西方传人。

自由与现实之间的一个深刻"冲突"，体现在自由和面包的关系上。黄裕生就此指出："不管人们手里是否拥有面包，也不管拥有多少面包，都不能为了面包而出卖或放弃法则。因为如果人们只有面包而没有法则，那么，面包带来的将不是满足与安宁，恰是血腥与毁灭。哪里没有法则，哪里的面包就沾满人类自己的血泪。"①

对幸福生活的追求，是自由个体的天赋权利。但关键的问题在于，如果没有以自由为基础，所谓的"幸福"，就不过是一种虚假的幻觉。

自由不仅关乎历史和现实，它更关乎未来。或者说，如果没有未来的维度，历史不过是毫无意义的过去，现实则是逼仄的牢笼。在这个意义上，只有自由，即无限丰富的可能性，才能让我们从历史中获得启示，并接受那些伟大心灵的指引。正如黄裕生在《曲阜或耶路撒冷在何处？》一文中写道："自由是打开伟大心灵的第一把钥匙，也是迎候神圣启示的必要准备，更是开启未来的真正源头。"② 相对于现实而言，所谓的未来，其实就是希望。

---

① 黄裕生：《站在未来的立场上》，北京：生活·读书·新知三联书店，2014年，第140页。

② 黄裕生：《站在未来的立场上》，北京：生活·读书·新知三联书店，2014年，第90页。

自由个体的孤独与凉甜*
——评《自然社会：自然法与现代道德世界的形成》

一、问题意识

李猛的《自然社会：自然法与现代道德世界的形成》（以下简称《自然社会》）一书，自2015年出版以来，在学术界和思想界受到广泛的关注和评论。《读书》《社会》等刊先后发表了多篇文章，对其所涉及的相关问题进行讨论。在这些讨论中，人们对作者的渊博学识和精细的分析能力给予了普遍的肯定和赞美，但也有一些评论者，在评论中对此书的主旨或核心论点抱有疑惑。比如，有论者指出，此书在某种程度上"颇难索解"①，论旨"晦暗"②。

那么，这就意味着这样一个问题：这样一部广受关注的道德－政治哲学著作，是否存在学大于思的根本性缺陷？如果是，出现这种问题的原因是什么？如果不是，那我们就要问：作者的问题意识是什么？或者说，什么才是这本书的核心关切？针对这一

---

* 原载江畅等：《价值论与伦理学研究》（2017上半年卷），北京：社会科学文献出版社，2017年。
① 韩潮：《"自然社会"的厚与薄》，《读书》，2016年第3期，第117页。
② 江绪林：《在等待之中》，《经济观察报》，2015年7月27日38版。

问题，笔者的回答首先是否定的，即当我们在高度肯定此书学术品质的同时，应该充分地认识到，在思想方面这同样是一部雄心勃勃的著作。

此书所关注的核心问题，可从书名中看出。有评论者指出："自然社会就是指由自然法所形塑的现代道德世界。从这个题解中可以推知，全书的核心问题应该是，自然法是如何塑造了现代道德世界的。"① 换句话说，此书作者的问题意识，是力图从自然法这一特定角度，尝试理解现代道德世界是如何形成的，以及当我们在说"现代"的时候，在道德－政治哲学的意义上，这究竟意味着什么。在我们看来，只有回答了这一问题，才能进一步说"现代"是否是值得追求的，它存在哪些可能的危机和风险。从这一角度看，李猛写作此书的根本关切，即通古今之变。

面对西方高度成熟的现代社会，我们不禁要问：从道德－政治哲学的角度思考现代社会是如何形成的，这一学术工作到底有无意义或有什么意义？有评论者指出，《自然社会》一书的"……主要贡献在于揭示了现代西方人自己的根本困境，即伦理的无根性"②。这里所谓伦理的"无根性"，换一种表述即价值虚无的问题。但这是否构成了现代西方人的"根本困境"，则是一个有待继续讨论的问题。不过，李猛通过对早期现代西方道德－政治思想的系统分析，在思想的层面上指明，"现代道德世界"是在多种极富张力的思想碰撞中逐步形塑而成的；这也就是说，现代自然社会的诞生并非一帆风顺，我们也的确无法指望现代自然社会是完美无缺的。

在古今之变这一视域之外，《自然社会》作为一部由中国学

---

① 霍伟岸：《〈自然社会〉的得与失》，《读书》，2015年第12期，第115页。
② 郑戈：《自然法的古今之变：〈自然社会〉的思想史评析》，《社会》，2016年第6期，第27页。

者写就的西学著作,一方面深入西方思想的内在肌理之中,反思现代西方社会所可能面临的问题,另一方面则在一个比较潜在的层面上,回应百年中国的前途问题。正如评论者所指出的,《自然社会》这部著作,"虽无只言片语论及中国,其实暗含了一种强烈的中国问题意识"[①]。在学术的意义上,作为一部西学著作,"无只言片语论及中国",正好表明作者的学术研究超越了以往那种就中西问题做简单比较的研究范式,而能深入西方思想的内在理路之中。之所以说这部学术著作"暗含了一种强烈的中国问题意识",是因为百年以来,中国所面临的最大压力即如何走向现代化。这就表明,作者的这一研究,在纯粹学术之外,还在一个间接的意义上,关涉着中国的历史与现实。

基于以上简要论述,我们可以看出,就具体论题而言,《自然社会》一书的问题意识是分析自然法与现代道德世界之形成的关系,而在"宏大叙事"的层面上,则涉及古今中西之辩。

二、孤独生活

在《自然社会》一书的导论《鲁滨逊的世界》一文中,李猛通过对鲁滨逊这一文学形象的深度分析,指明鲁滨逊艰苦卓绝的孤独生活正是现代人生存处境的一个极佳隐喻。有评论者就此指出:"孤独者的生活似乎成为《自然社会》的主线,它想要给我们讲述孤独者的故事,讲述现代人如何走向孤独和在孤独中沉沦的故事,鲁滨逊正是这个孤独者的典型形象。"[②]

鲁滨逊因为一次航海事故,而被迫生活在一个荒无人烟的孤

---

① 霍伟岸:《〈自然社会〉的得与失》,《读书》,2015年第12期,第114页。
② 黄涛:《现代自然社会中的"孤独者"》,《读书》,2016年第3期,第126页。

岛上。李猛认为，这正是我们每个现代人所不得不如此的"命运"。在这里，正如评论者所指明的，"孤岛不在渺茫的海域，而就在社会之中"①。这即是说，尽管从表面上看，现代人生活在社会之中、生活在人群之中，而这跟鲁滨逊的极端处境存在极大的差异。但在伦理的意义上，高度自立的现代人，缺乏传统共同体成员之间的那种有机联系。由此，在隐喻的意义上，我们说每个现代人都生活在孤岛中。

对生活在孤岛之中的现代人而言，孤独不仅是一种基本的生存体验，更是一种需要不断学习的生活方式。李猛就此写道："鲁滨逊在孤岛上度过二十多年，慢慢学会的正是这样一种孤独的人生。孤独不再是人在世界上迫不得已的处境，而是一种需要特定能力、技艺甚至德性的生活方式。无论在荒岛上，还是在世界中，只有学会孤独的人，才能面对世界中各种看不见的危险，在恐惧中生存下去。"② 在这里，我们通过李猛的分析，首先可以认清这样一点，即每个想要在现代社会的孤岛中生存下去的个体，都应该像鲁滨逊一样，具备相当的能力和技艺以及一种强悍的生存意志。学会与孤独和平共处、而不是时时想要摆脱它，是现代人生存的一项基本素质。

在上段的引文中，李猛的分析还指明，恐惧是现代人孤独生活的一种基本经验。在现代社会中，让人恐惧的对象和原因多种多样，但在根本的意义上，人只有一种恐惧，即对死亡的恐惧。李猛分析道："死亡的事实本身从来不曾规定人的生活，成为人的生活方式。真正决定人的生活的是对这一死亡的恐惧，以及由

---

① 张国旺：《孤独个体的共同生活：自然社会的"自然"与"社会"》，《社会》，2016年第6期，第39页。
② 李猛：《自然社会：自然法与现代道德世界的形成》，北京：生活·读书·新知三联书店，2015年，第7页。

此产生的欲望。死亡不是人的经验,怕死才是。"① 霍布斯也认为,在自然状态中,人们恐惧于自己时时都有暴死的可能,为保全生命,才同意让渡出部分自然权利,从而人为地建构起一个强大的国家,以保障自身的安全。

在恐惧之外,孤独生活的另一个根本性特征是生存的虚无。李猛说:"孤独作为一种生活方式,最大的困难其实不是生活缺乏工具和帮手,而是生活本身没有希望和前景,最终陷入空虚和绝望。"② 从表面上看,虚无似乎是一种颇为主观化的心理体验,在个体的层面上,当然是如此。但从现代人之生存结构的角度来分析,虚无就不只是一种个体化的生存体验,更与现代人之普遍性的生活形式有关。

与传统的定居者相比,现代人之基本的生存体验,是一种不安的漫游。我们常常分析说,现代人最大的问题是无"家"可归,但事实上,即使有"家"可归,现代人不安的性情,也决定了其不可能长期安居某地。在对鲁滨逊这一文学形象的分析中,李猛指出:"家并不是鲁滨逊漫游折返的目标,对家的眷恋也从来没能压制他漫游的渴望。"③

漫游是现代鲁滨逊们基本的生存方式,在漫游之中,人们感受到一种极大的自由。但长期的漫游,又给人一种漂泊无定的虚无之感,由此,在漫游者的心中,"寻找家园"就成了一项迫切的需求。在这里,我们可以清楚地看到,"漫游"与"家园"之间,构成了一种既相互排斥又紧密联系的"辩证"关系。李猛对

---

① 李猛:《自然社会:自然法与现代道德世界的形成》,北京:生活·读书·新知三联书店,2015 年,第 118 页。
② 李猛:《自然社会:自然法与现代道德世界的形成》,北京:生活·读书·新知三联书店,2015 年,第 14 页。
③ 李猛:《自然社会:自然法与现代道德世界的形成》,北京:生活·读书·新知三联书店,2015 年,第 36 页。

此有精彩的分析:"任何漫游,都离不开家。漫游与其说是离开家,不如说是返回家。漫游者在离开家之后,又要重新踏上返乡的路。不能返乡的漫游,不是漫游,是没有目的地的流浪,是终身的放逐,最终是抹去一切踪迹的毁灭。"①

从以上的讨论中,我们借助李猛的分析,指明孤独是现代人的一种基本生活方式。而在这种生活方式中,恐惧与虚无是人们始终无法摆脱的生存体验。现代人在一个孤独的世界中漫游,充满恐惧与不安,他们渴望回到家园,但一经返回,却又像鲁滨逊一样,焦躁不宁地准备再次出游。我们在这里所做的分析,主要是在生存论的意义上进行的。在接下来的讨论中,我们需要回答的是,从政治哲学的角度看,原本生活在传统共同体之中的人们,是如何走向这样一种孤独之境的。

针对以上问题,一个简要的回答是:"把孤独转变为一种平等者普遍的生活方式,是现代政治的最大成果。"② 那么,需要追问的问题是,什么是现代政治?它是怎样发生的?在发生学的意义上,现代政治的诞生,则包括这样两个步骤,即革命和现代制度的建立。

革命是现代制度建立的一个前提,李猛就此指出:"只有当人斩断传统政治形态将人与人结合在一起的错综复杂的共同体纽带,成为像蘑菇一样从地里长出的人,才能成为适合新机器的零件。摆脱传统的伦理纽带,成为独立自由的个体,是平等个体组成人造国家的存在论前提,也是进一步将自由个体的自主能力建

---

① 李猛:《自然社会:自然法与现代道德世界的形成》,北京:生活·读书·新知三联书店,2015年,第39页。
② 李猛:《自然社会:自然法与现代道德世界的形成》,北京:生活·读书·新知三联书店,2015年,第60页。

构成为绝对性的共同权力的理性出发点。"① 这就清楚地表明,是革命的力量,将传统共同体的成员们,变成了一个个自由而平等的个体。就这一问题,有评论者亦指出:"现代人根据自然处于战争状态,意味着每个人……要进入政治生活,在一种新型的权利和义务关系下,彼此尊重、和平共处,先要彼此为敌,瓦解掉彼此之间的其他一切纽带,只展露出每个人的孤立、自由和平等。"②

革命作为手段,其最终目的,是建立一种能保障个体之自由权利的现代制度。李猛指出:"无论革命的发生是出于思想的自我启蒙,还是历史情势的被迫,或是兼而有之,革命留下的如果不只是文明的废墟,就势必需要为其中的人们重新找到共同生活的可能。"③ 这里所谓"共同生活的可能",其实就是指现代制度的建立和稳定运行。

经以上分析,我们可以清楚地看到,现代政治的核心即对个体之自由权利的尊重及制度性维护。而从古今之变的角度看,古代政治和现代政治的核心原则存在极大的差异。以下的分析中,我们就将对此问题,做一简要的讨论。

在政体的选择上,古代政治追求的是最优政体,而所谓"最优",包含着一种伦理性方向即"至善"的选择。李猛指出:"古典政治哲学关心的最佳政体问题,其实就是城邦对生活方式的选择,即城邦赖以成全人的自然政治性的生活究竟应该采取何种统

---

① 李猛:《自然社会:自然法与现代道德世界的形成》,北京:生活·读书·新知三联书店,2015年,第147页。
② 陈涛:《自然状态的道德意涵:定位现代道德的开端》,《社会》,2016年第6期,第74—75页。
③ 李猛:《自然社会:自然法与现代道德世界的形成》,北京:生活·读书·新知三联书店,2015年,第484页。

治方式的根本抉择。"① 这就是说,在古代,政治不只关乎利益的分配,更强调履行一种基于特定至善观念的教化功能。有评论者亦指出:"城邦生活是灵魂的生活,而灵魂追求的不仅是肉体欲望的满足,还想要过上一种至善的生活。"②

现代政治则不追求所谓的"至善",而强调一种合法制度的建立。这样一种制度的建立,以保障个体之自由权利为旨归,而并不特别倡导基于某种善观念的生活方式。正因为现代政治主要关注制度的建立和运行,对个体的生活方式持一种开放的态度,而这在一些思想者看来,即无可救药地走向了彻头彻尾的虚无主义。比如,施特劳斯就说:"最佳制度与合法制度之间的区别,根源在于高尚的与正当的之间的分别:凡高尚者皆正当,然而并非凡正当者皆高尚。"③ 那么,面对这样一种厚古薄今式的批评,我们真的需要回归古典吗?

三、回归古典?

在古今之变的视域中,讨论现代社会的人性基础和道德规范构成,表明李猛《自然社会》一书的写作,在一定程度上受到了施特劳斯的影响。但正如有评论者指出:"虽然列奥·施特劳斯的影响在全书中清晰可见,但本书并未像施特劳斯那样明确地主张回归古典。"④ 具体到自然法这一论题上,也有评论者指出:

---

① 李猛:《自然社会:自然法与现代道德世界的形成》,北京:生活·读书·新知三联书店,2015年,第53页。

② 黄涛:《现代自然社会中的"孤独者"》,《读书》,2016年第3期,第126页。

③ 施特劳斯:《自然权利与历史》,彭刚译,北京:生活·读书·新知三联书店,2011年,第141页。

④ 郑戈:《自然法的古今之变:〈自然社会〉的思想史评析》,《社会》,2016年第6期,第5页。

"作者（李猛）所关心的并不是如何在实定法占据主导的现时代去挽救自然法的位置，也不是在自然状态已被现代历史学拒绝的情况下为其招魂，而是在所有这些既成事实的背景下，自然或自然状态早已成为现代个体生活和思考的构成性要素。"①

就笔者的阅读经验而言，我们大致可以同意以上两位评论者的意见，因为在《自然社会》一书中，李猛的确并未明确倡导要回归古典，但我们也应该看到，在大致同样的程度上，李猛也未表现出为现代社会辩护的意思。由此，在所谓"古今之争"的问题上，李猛保持了某种程度的"暧昧"。尽管如此，考虑到近十多年来，施特劳斯在中国思想界巨大而持续的影响以及当下中国所谓回归传统的强劲呼声，都要求我们在这里就"回归古典"的倡议做更进一步的讨论。

施特劳斯对现代性提出了严厉的指控。在他看来现代性最根本的标志，即事实与价值的二分，在这一基础上，韦伯所谓"价值中立"的命题，"……必定会导致虚无主义或者是这样的观点：每一种取舍，无论其如何地邪恶、卑下或无辜，都会在理性的祭坛前被判为与任何别的取舍一样合理"②。这即表明，在施特劳斯的理解中，所谓虚无主义的具体表现，即在现代社会中所广泛流行的相对主义。

以古典政治哲学的眼光看，在价值观念上持相对主义立场的现代人，即放弃对高贵德性的追慕，转而去寻求一己之私利，从而在德性的意义上沦为野蛮人。有学者评论说："在现代工商业社会，人们普遍相信社会流动的可能性，任何诉诸自然来论证人的不平等的学说都失去了正当性。这种平等观进一步导致了相对

---

① 张国旺：《孤独个体的共同生活：自然社会的"自然"与"社会"》，《社会》，2016年第6期，第46页。

② 施特劳斯：《自然权利与历史》，彭刚译，北京：生活·读书·新知三联书店，2011年，第44页。

主义的伦理学,每一个人、每一文化群体的道德偏好都具有同等的价值。自然平等观的效应是拉低了道德的标准,从追求卓越变为自我保存。"①

表面看来,施特劳斯对现代性的批判,言之凿凿,而且对那些推崇"高贵"与"德性"的人来说,亦颇具魅惑力。但应该看到,古典政治哲学中对德性的追求是建立在传统等级制之上的。而在一个普遍平等的现代社会中,任何试图以"高贵""德性"的名义来回到传统等级制的做法,都将必然招致异常恶劣的政治后果。有道德哲学家指出:"……复古努力带来的结果,规模小时往往可笑,规模大时往往恶劣。有一些反动的工程要重建以往的据称是让人满意的等级社会,这类尝试最能显明上述之点。"②

以上论说表明,所谓"回归古典"的倡议,其所可能造成的结果,极有可能并非像倡议者所言的那般美好。我们甚至可以说,这一倡议在实践的意义上,既不可行亦不可欲,而这就要求我们对现代社会重新进行审视。

在本文第二节,我们即已指出,现代人因为脱离了传统的共同体,从而过上了一种自由而孤独的生活。我们说现代人生活的本质是孤独,但这并不意味着只有孤独。有评论者指出:"与李猛的说法不同,我更愿意认为,尽管人性及其存养的方式已经完全不同,但现代个体之间不仅能够搭建起一种与培育人性有关的共同生活,而且,共同生活之外,丰富而多样的人性可能与生活方式的体验都留给了孤独的个体自身去展开,那里不只有孤独,

---

① 郑戈:《自然法的古今之变:〈自然社会〉的思想史评析》,《社会》,2016年第6期,第26页。

② 威廉斯:《相对主义与反思》,陈嘉映译,《世界哲学》,2015年第5期,第128页。

也有诗意、甜蜜和美感。"① 笔者认为，这一对现代生活之多面性的认知，可能更符合现代生活的实情。

在之前的分析中，我们亦曾指出，恐惧是现代人基本的生存经验之一。这毫无疑问是对的。在一个瞬息万变且具有高度流动性的社会中，一种强烈的不安全感，时时困扰着生存于其间的现代人。但与此同时，在日常生活的意义上，现代生活又有舒适的一面。作为现代人的我们，一方面在为生存而倍感恐惧，另一方面则又在舒适中快乐无比。

现代人在其生活之中，常有一种虚无的体验，有时甚至会强烈地感到生活似乎是没有意义的。施特劳斯认为，这是因为现代社会在总体上失去了一种伦理上的方向性，而由此导致的虚无主义，在现代性内部是无法缓解的。在这样一种思路中，要想解决虚无主义的问题，"回归古典"似乎是不二之选。但在以上的论说中，我们已经指出，"回归古典"的倡议，在实践上存在极大的危险性。

在这里，我们想要继续指明的是，施特劳斯对现代性之"虚无主义"的诊断，本身即存在概念使用不够严格的问题。有学者指出："严格意义上的虚无主义，是在人们意识到道德的建构性之后，社会的道德话语和人们的道德生活之间出现严重的'脱节'，因而道德话语无法赋予人们行为以意义而出现的情形。"② 按照此一界说，当前社会上存在的部分价值虚无主义以及与此相伴随的犬儒主义现象，我们就不能将其笼统地归因为现代性的问题，而是应该看到，对道德话语的高度垄断，是导致伪善及价值危机的重要原因。

---

① 张国旺：《孤独个体的共同生活：自然社会的"自然"与"社会"》，《社会》，2016年第6期，第47页。

② 汤云：《虚无主义与道德的建构性：兼论施特劳斯道德哲学之困境》，《世界哲学》，2012年第5期，第48页。

# 自由与教育*

今天,教育是人们除政治外最为关心的问题之一。如果说政治更多意味着当下的生存,那么教育则似乎着眼于未来。不少中国家庭,也在公立学校的教育之外寻求多样化的教育机会。人们对教育的焦虑以及由此引发的种种问题,都要求我们对何为教育进行深入思考。

但现有教育研究主要集中在技术性层面上,而对教育的本质、自由与教育的关系则明显关注不足。在如下的讨论中,我们将以洛克、密尔的部分思想为基础,简要论及自由与教育的关系等方面。

一

本体论意义上的个体性原则,是与自由的观念联系在一起的。弗雷格关于对象和概念的区分,在逻辑和语言的层面上确立了个体的存在论基础。如果说没有个体在存在论意义上的优先性,自由的观念就无法确立。在这个意义上,自由对我们每一个体而言,首先意味着自立。或者说一个人在个体意义上的自我确立,即意味着自由。

个体性自由的确立,是以个体生命的存在为前提。一个人如

---

* 原载《云梦学刊》,2016 年第 1 期。

果连生命都没有了,也就无所谓自由了,尽管在笃信宗教的人那里,灵魂的自由最要紧。生命的保全既是个体的生存本能,但更需要法律的保障。从这个角度看,尽管我们说个体的自由有其存在论上的依据,但在社会—政治层面,这一自由又是如此脆弱,而只有公正的法律才能为其提供强有力的保护。因此,在现实生活中,自由是法律之下的自由,这就要求自由的个体之间,不得相互侵害。而且,这里的法律必须是保障自由、维护权利的法律,而不能是有权势者打击他人的工具。

一个人的自立,在洛克看来,还与财产权有关。事实上,即使仅从经验的角度看,我们也不难得出这样的结论:一个在财产上享有自主权的人,无论是精神还是其他方面,他都可能享有更多的自由。与此相反,一个在经济上高度依赖体制或他人的人,在许多情况下,仅仅为了生存就不得不放弃许多自由的权利。但在激进的人看来,财产权的确立,似乎不过是对自私和贪婪的保护。而那些一无所有的人,才是最大公无私的,足以承当起"博爱"的美名。

但正如渠敬东、王楠指出的:"洛克对财产权的肯定完全不是对自私和贪婪的肯定。乐于与他人分享自己的东西是美好的品质,保护私有财产,本质在于尊重每个人应得的'生命、健康、自由和占有',避免个人的勤劳受贪婪和懒惰的侵害。"[①] 从这个角度看,洛克强调对私有财产的保护,恰恰是对勤劳这一美德的认可。汉娜·阿伦特从概念分析的角度对"财产"和"财富"进行了区分。她认为一个人拥有财产,在道德上是应得和正当的。而对过量财富的疯狂追逐,则是人性的贪婪所致,因此在一定程度上应受到限制。

---

① 渠敬东、王楠:《自由与教育:洛克与卢梭的教育哲学》,北京:生活·读书·新知三联书店,2012年,第79页。

洛克对于人性的贪婪有深刻的批判，渠敬东、王楠在研究中指出："人越发空虚浅薄，又越发渴望支配（dominion）和占有（possession）。他越是无法把握自己，就越是想要抓住在自己之外的人和物。"①

正因为洞悉了这一点，洛克希望通过教育的方式，教会人们过一种完满自足的充实生活。而在这样的生活中，名誉是至关重要的。甚至在某种意义上，"一个人的名誉就是他的人格的规定，表明他是好人还是坏人，一个人对自己感到羞耻或认为自己有信誉，来自他对自己名誉的评价，对自己人格的认识"②。而认识自己，其实是不容易的，对于小孩子而言尤其如此。因此，按照洛克的意见，教育者在教育过程中，一定要爱惜受教育者的名誉。或者说，只有当一个小孩子在成长的过程中，他独立的人格受到充分的尊重和爱惜，他才有可能成长为一个爱惜名誉的人。

一个爱惜名誉，对自己和外部世界都有着独立判断的人即真正的绅士。渠敬东、王楠指出："真正的绅士，会用真正的名誉来衡量自己做得对还是不对，并产生相应的荣誉感和羞耻感。这种对名誉的爱，不是出于对荣誉的饥渴而汲汲于他人的赞许，那种欲望是虚荣（vanity），是内心空虚的体现。对虚荣之人来说，名誉只不过是穿戴在身上的装饰品，可以拿来向他人炫耀。但对真正拥有自尊的人来说，那是自己人格的体现。孩子对名誉的重视，使他主动接受他人赞许和责备的引导，逐渐用羞耻和信誉感约束和决定自己的行动。"③

---

① 渠敬东、王楠：《自由与教育：洛克与卢梭的教育哲学》，北京：生活·读书·新知三联书店，2012年，第20页。
② 渠敬东、王楠：《自由与教育：洛克与卢梭的教育哲学》，北京：生活·读书·新知三联书店，2012年，第41页。
③ 渠敬东、王楠：《自由与教育：洛克与卢梭的教育哲学》，北京：生活·读书·新知三联书店，2012年，第41页。

正如洛克所言，名誉是一种法，因此是一个人对自身的约束，也是他行为处事的尺度。而对荣誉的过度追逐，则是一种价值上的虚无和心理上的虚荣，事实上也是一种病。而且，一个人对权力、金钱和美色的过度看重，表明他不过是自身欲望的奴隶，因此根本谈不上什么自由。

二

现代人的一个基本特征，即接受教育的过程格外漫长。一般而言，一个现代人在学校度过十到二十年的时间，是再自然不过的事。这在一定程度上显示出现代社会的高度复杂性。也就是说，一个自然人要理解和适应现代社会生活，需要长时间的学习和知识积累。即使如此，一个人在学校学习了十几年，可能记住了大量零碎的知识，但对于何为学习、学习为何的问题，却缺乏真正的理解。

关于学习问题，密尔在就任圣安德鲁斯大学名誉校长典礼上的演说中说道："学习的目的不是掌握一些对将来工作起作用的知识，而是对关系到人类利益的所有重大问题有所了解。"① 但在我国目前的教育中，无论是大学还是一般公众，都迫切地希望大学生在学习期间，掌握更多谋生的技术和知识。基于这一认识，大学开设了更多技术性的专业和课程。

但这是不切实际的。事实上，技术性的知识只有在具体的工作中才能学到。在大学课堂上对技术性知识的讲授，其实不过是另一种形式的纸上谈兵。而且，这样的知识很容易随着技术的革新而变得过时。因此，在大学课堂上教授有利于谋生的知识，表

---

① 密尔：《密尔论大学》，孙传钊编译，北京：商务印书馆，2013年，第26页。

面上看是为学生未来的工作考虑,但事实上,这既不利于谋生,同时也耽误了理论知识的学习。那么,我们不禁要问,既然如此,何不把更多的精力放在原理性问题的学习和探究上,从而以不变应万变?密尔就认为,教育所能提供的更多是一种宏观的视野,因此,"我们的目的是学习对自然和人生宏观的、正确的观点,并在心中牢牢铭记把时间浪费于实际不值得为之努力的琐屑事物实际上也就是怠惰"[①]。

在生存论的意义上,人不断学习的过程,其实是从空虚中挣脱出来,不断走向自由充实的过程。渠敬东、王楠写道:"人学习和求知的过程,是脱离迷茫不定、把握到神圣真理的过程。经历了这个过程,人才能从虚无中摆脱出来,真正认识到自己是谁,在这个世界上该做些什么,获得人应有的规定性。这就是寻求知识和真理对现代人的意义。"[②] 从这个角度看,学习的终极目的,仍是那句古老的名言:认识你自己。但要真正做到这一点,对外部世界的认知是必不可少的。因为只有在世界之中,一个人才可能真正看清自己。与此相反,一个闭目塞听、执着于自己的自大狂或自恋狂,既不可能认知世界,也很难看清自己。

学习或求知的过程,是一个不断开放自我、追求真的过程。这里所谓的"真",大致有这样两层意思。一是真诚,即求知者对所学习的东西,要有一种真切的关怀,一种求真的意志。二是真理,即相信有些东西确乎是真的,而且这样的东西必定存在。一种自由的教育,就应该鼓励受教育者说真话、求真理。王楠就此写道:"坚持讲真话,就是承认、服从、信仰和追求这真理。人只有承认它,服从它,信仰它,追求它,才能够让它进入空虚

---

① 密尔:《密尔论大学》,孙传钊编译,北京:商务印书馆,2013年,第26页。

② 渠敬东、王楠:《自由与教育:洛克与卢梭的教育哲学》,北京:生活·读书·新知三联书店,2012年,第103页。

的自己，与它相统一，成为真正的人。一切科学和哲学思考的预设是：真理存在。而以上帝信仰为基础的道德的预设是：道德是上帝为人所指出的通向拯救的真理。讲真话就是相信'真'的存在，相信'真'的存在才能追求'真'。这种认'真'、求'真'和服从'真'的意识，深深扎根于现代西方文明的精神之中，成为支撑它的核心力量。"①

在存在论的意义上，所谓真即是其所是，即让是的东西是，让不是的东西成为不是。这样一种追求，不仅有其伦理上的指向，且更多与知识论连在一起。从这个角度看，知识或学术就不是私有财产，而是天下之公器。渠敬东、王楠在"读解"中写道："知识是要拿出来与他人相互交流、讨论的，是社会的共同财富。相互交流思想和知识，不应当是为了各人自己的利益，而应当是为了真理本身。所以，人们应当以诚实的态度、平实的语言、耐心的解释来向他人表述自己的观点，传达自己的思想，而不应当傲慢偏执，自诩握有绝对真理，借知识之名争斗不休，或在虚假的学术幌子下面谋求个人的利益。"② 如此一来，在真理与自我的关系上，即意味着真理掌握我们，而非我们掌握真理。

在如上引文中，作者特别强调人们在讨论知识问题时，应当使用平实的语言。就这一点，有必要再说几句。关于语言，洛克曾指出："在我们与他人的谈论中，语言的目的主要有三种。第一，是要把一个人的思想或观念让另一个人知道。第二，是要尽可能简易，迅速地达到这个目的。第三，是要传达人们对于事情

---

① 渠敬东、王楠：《自由与教育：洛克与卢梭的教育哲学》，北京：生活·读书·新知三联书店，2012 年，第 75 页。

② 渠敬东、王楠：《自由与教育：洛克与卢梭的教育哲学》，北京：生活·读书·新知三联书店，2012 年，第 111 页。

的知识。"① 洛克的意思很清楚，即语言的根本目的，是思想或观念的交流。而为了更好地实现这一目的，人们最好使用一种简易而有效率的方式。如此，平实的语言就应当是一种最优的选择。将这一理解贯彻于教育之中，则"不可给孩子的心智充塞一堆意义不明的词汇、逻辑不清的理论，让他们学会用浮华的修辞和论辩的技巧来满足自己的骄傲和虚荣"②。

如果我们对知识抱有一种谦逊的态度，那么使用一种平实、素朴的语言来对知识进行表述就应当是一种极大的美德。与此相反，那种表面华丽的措辞，不过是乱人心智。张中晓在《无梦楼随笔》中，曾对自己有这样的反省，即因早年读的许多海淫海盗的文学作品，反而对自己的思想能力产生了许多负面的影响。因此，一种自由心智的培育，应当使用什么样的语言，这一问题值得认真探讨。

三

现代学术的一大特征，即所谓分工或曰分科治学。这在一定意义上是有道理的，因为随着人类知识的高速度积累，任何一个人即使穷其一生，也无法穷尽人类知识的各个领域，更不用说要有所创造了。但对这样一种趋势，如果以一种极端立场对待之，则是相当危险的。知识人蜷缩在一个个过分狭小的领域中，丧失了进行宏观判断的能力。如此一来，学者们在知识上的工匠化，必将使其无法成功培育一种自由思考的心智和能力。

汉娜·阿伦特针对这一问题，在《论暴力》一文中写道：

---

① 王楠：《劳动与财产——约翰·洛克思想研究》，上海：上海三联书店，2014年，第88页。
② 渠敬东、王楠：《自由与教育：洛克与卢梭的教育哲学》，北京：生活·读书·新知三联书店，2012年，第119页。

"许多领域都无休止、无意义地追求原创学术，而在这些领域，如今也只可能有渊博的学识，这种追求要么彻底的不相干，也就是著名的'对越来越少的事情知道得越来越多'，要么导致伪学术的发展，而它实际上毁灭了它的对象。"① 密尔也曾指出："根据我们已经有的经验可以知道，如果只埋头研究一种学问，对其他所有的学问与研究不闻不问，必然导致人类精神褊狭而误入歧途。这种情况下，精神内部孕育出对特殊研究的偏执，伴随而来的是那些视野狭窄的专家们都丧失理解、评判宏观事物及其根源的能力，并具有一种共同的偏执。我们不得不这么预测：所谓的人性，将越来越因只能熟悉细小的事物而渐渐萎缩下去，一旦面临重大的事物就不能适应了。"②

这样一种学术现状，反映在教育领域即过度的学科化。但正如密尔在"塞奇威克教授的讲义"中所指出的，大学阶段的教育，不应以培养学者为目标。他写道："在大学生理应达到的教育阶段，可以把他们从个别科学的、细部的、一个个的微观考察中解放出来，升华他们的思想，教会他们将科学和人类文化视为整体，认清不同学科在前者中的位置和在后者中发挥的功能。"③ 而我们知道，这样一种知识论意义上的"解放"，是培育自由心智的必需。

---

① 阿伦特：《共和的危机》，郑辟瑞译，上海：上海人民出版社，2013年，第99页。
② 密尔：《密尔论大学》，孙传钊编译，北京：商务印书馆，2013年，第24页。
③ 密尔：《密尔论大学》，孙传钊编译，北京：商务印书馆，2013年，第112页。

# 美德、理性与自由*

在《现代性之路：英法美启蒙运动之比较》① 一书中，作者格特鲁德·希梅尔法布从思想史的角度入手，对英法美启蒙运动进行了比较。这本书篇幅不长，但其讨论的主题关涉思想史上的大问题。以小篇幅讨论大问题，有很大的困难，即作者必须在掌握足够材料的基础上具备超强的分析能力，并能以高度概括但不失真的文字表述出来。这本书即显示出了这样的特点。作者以"美德的社会学""理性的意识形态""自由的政治"这三个关键词分别概括出英、法、美启蒙运动的特点，在我这样的非专业读者看来可谓切中要害。我的这篇小文，即沿着作者提供的思想线索，对其中的三个关键概念稍作分析，并在此过程中，联系当下现实的语境对相关问题做一点初步的探讨。

"美德"是一个典型的古典概念。在柏拉图那里，按层级高低，分别有节制、勇气、智慧和正义四种美德。而在现代政治结构及制度设计中，"美德"的观念基本上是没有位置的。这里涉及的，是对"政治"这一概念的不同理解。泛泛说来，古典的"政治"概念有一个目的论指向，即善或好。而善或好，借用维

---

* 原载《民主与科学》，2013 年第 1 期。
① 希梅尔法布：《现代性之路：英法美启蒙运动之比较》，齐安儒译，上海：复旦大学出版社，2011 年。

特根斯坦的说法,并不在世界之内。如此说来,现实政治本身并非政治的终极目的,而经由现实政治的途径从而实现最高的善,才是政治的最终目的。现代的"政治"概念,并不具有这样的目的论前提。或者说,现代政治正是以抛弃这一目的论预设为前提。现代思想家曾为抛弃"美德"而欢欣,但事实表明,现代世界并不完美。基于这样那样的一些考虑,性急的思想者认为,既然现代世界让人不满,重回古典似乎就是不错的选择。我不是很同意这一思路。因为在我看来,真理不在现代哲学家那里,并不意味着真理一定在古代哲人那里。其中的问题,比纯粹概念本身要复杂得多。

希梅尔法布对英国启蒙运动的概括为"美德的社会学"一语。她说:"但正是美德,而不是理性,使英国人占了先:不是个人美德,而是'社会美德'——怜悯、仁慈、同情,英国哲学家们认为它们出于本能,自然地将人们习惯性地互相联系在了一起。"希梅尔法布的"美德"与古典意义上的"美德",虽不能说毫无关联,但二者之间的差异非常明显。古典意义上的"美德",是沉思的、贵族的、形而上的;"美德的社会学",则是实践的、常人的、俗世社会的。在希梅尔法布那里,她所看重的并非少数哲人的个人美德,而是普通人在日常生活中所表现出的社会美德。如上引文所示,正是这一点,将英法启蒙运动区别开来。

论及社会美德,我们可引申出这样一个问题:"现代"社会在道德的废墟上,如何重新实现社会美德,恢复人们自然的怜悯、仁慈和同情心?汉娜·阿伦特认为,人们应该在大的政治灾难之后,学会以政治的方式思考政治,而不是以哲学的方式思考政治。相对于诸多沉浸在纯思中的哲学家而言,汉娜·阿伦特的建议,具有相当的价值。哈维尔认为,生活在真实中是一个可欲的目标。我当然同意这一点。但要注意的是,无论是阿伦特,还是哈维尔,他们所给出的建议,在两个方面有共同之处:一是他们都多从"个人美德"出发，强调个体的伦理责任；二是他们的这种强调，多少带着一些贵族色彩，对普通人而言，稍显高调。我这样说并非为犬儒主义辩护，而只想说明，阿伦特、哈维尔的思想建议，如果在一个充满恐惧与危机的社会中，弥足珍贵；但对他们的思想建议所能产生的影响，应有一个恰当的预期。我还想说的是，他们这种带有贵族色彩的伦理观，在贵族社会，是最为合适的；而在现代社会，尤其是在非正常的意义上，其间存在的罅隙或差异，必须得到正视和考量。

用一个关键词来概括法国启蒙运动，就是"理性"。在英国启蒙运动中，道德哲学家维护"道德感"并为其辩护。他们尊重常识，遵从传统和习俗，拒绝任何一揽子解决所有问题的宏伟方案。而在法国，鼓吹启蒙运动的主要是一批哲人。这里的"哲人"，中译本用黑体标出，主要是想强调他们的身份。所谓哲人，至少有几个特征：一、他们肯定是少数派，擅长在沙龙清谈；二、他们自视高人一等，以追求超越而永恒的真理为己任；三、对社会实情，他们了解甚少，更少有实际参与政治的经验。哲人的这样一些特征，塑造了法国启蒙运动的基本形象。钱满素在《克里斯托与新保守主义》一文中写道：法国启蒙运动则高蹈彻底得多，完全是另一种气质——法兰西激情。他们否定传统，要砸烂旧世界，创立新世界，改造全人类。受天主教传统的影响，在他们设想的美德社会中，存在至高无上的公意，公私矛盾将得到一劳永逸的解决，其公意之强，其公民道德之高，足以使公意与私利达到完全一致。然而强调公意，强调一致，就必然重视权力，因为只有权力才能使所有人一致，任何不同意他们的人都只能是居心不良的敌人。克里斯托说，法式启蒙诞生在精英们的沙龙里，本来就不准备去实践，自然可以想象得至善至美，它后来促成了法国空想社会主义的繁荣。

从某种意义上，我们仍然可以说，理性是个好东西。但任何一个好东西，一旦放在错误的位置上，就有可能成为致命的病毒。理性成为意识形态，意味着理性的消隐。因为无限度地推崇理性，是非理性的结果。由此可见，理性本身不仅有其限度，而且是非常脆弱的。在对待宗教的态度上，英、法启蒙运动之间有明显的差别。教会或信仰团体在英国启蒙运动中扮演了重要角色。但法国哲人否认启示，认为宗教完全是害人的东西，并对其进行嘲讽和批判。希梅尔法布是一个保守主义者，在这本书中，她以较大篇幅分析了英国启蒙运动，并对宗教给予了正面评价。而对"理性"，她基本持批评态度："理性天生具有颠覆性，它的眼中只有理想的未来，鄙视当前的各种缺陷，对过去绝口不提——它同时也蔑视缺乏教养者和出身微贱者的信仰和习惯。"站在作者的立场上，要承认的是，她的论述清晰而有力。在中国，20世纪90年代以来，学者们逐渐认为，法国启蒙运动并非如以往所认为的那般完美。保守主义的思路影响力逐渐变大。毋庸讳言，中国学人对思想史的研究多以对现实政治的关注为出发点。我的看法，简单说来，是并不完全认同保守主义。在中国的语境中，如何阐释传统，保守什么，等等，都不是能简单回答的。

对于美国启蒙运动，作者概括为"自由的政治"。如书中所言，这里的自由，就是Liberty，指政治意义上的自由，或用柏林的概念，即消极自由。美国启蒙运动继承了英国启蒙运动的遗产，看重宗教的价值。在美国启蒙运动中，最重要的角色是政治家。他们认为，宗教自由是一切自由的基础，如果没有宗教自由，则自由毫无保障。并且，传统的新教资源为美国这个国家的诞生提供了相应的伦理基础。只能这样说，希梅尔法布的《现代性之路》一书，带给读者的是对西方国家现代性之路的一种理解。而对于当下中国而言，这本书只能是一个参照。

 # 读德沃金《民主是可能的吗？》*

霍布斯在构建其政治哲学时指出，在国家建立之前的自然状态下，人与人之间的关系总是处于不断的战争状态，每一个人的生命都无时无刻不在危险之中。因此有人说，在有效保护个体生命的国家建立之前，每一个为保全生命而疲于征战的人，都犹如身处狼群之中。霍布斯对自然状态的设定，在其政治哲学中具有重要地位，其对人性的看法，让人恐惧但又觉得深刻。不过，有学者指出，这里把人比喻为狼的说法，其实犹未道尽霍布斯对人性的真正看法。在我们一般人眼中，人人都是狼的社会，已足够恐怖和血腥，为什么在霍布斯那里，尚且觉得不够味呢？因为在霍布斯看来，某种程度上自然状态中的人比狼更为邪恶，因此将人比喻成是恶狼的说法，其实是对狼的侮辱。为什么人比狼更为邪恶？有学者认为，霍布斯细致地讨论了语言和心智的问题之后，他认为与狼相比较，人有更为复杂的语言，也就意味着人有更为丰富的心智。而这一丰富的心智一旦作起恶来，自然比单纯的豺狼更为凶猛。如果将此观点对照于人类历史，当可发现，在某些极端的历史环境中，人的确比豺狼更为邪恶。

这样看来，霍布斯对于人的幽暗本性有着犀利的洞察。如果没有一个有效的约束机制，而任由人在自然状态下作恶，的确是不明智的。但问题在于，假设人如此之邪恶，他怎么可能让渡自

---

* 原载《民主与科学》，2013 年第 2 期。

己的权利来建立一个保障所有人生命的国家呢?对于其中的强者而言,这不是意味着他们要为此少掉相当多的利益吗?在这一点上,霍布斯有着相当"辩证"的看法。他在看清人之邪恶性的同时,也看到了人性本身的复杂性和可塑性。也就是说,为谋求自己的生存权和发展权,人有作恶的能力和意愿,但同时,人的复杂心智也为他在政治问题上做出明智选择提供了可能。在自然状态下,强者当然能占有更多的资源,但问题在于,没有一个强者能够保证自己将是永远的强者。在相当多种类的动物群落中,"王"的下场就是年老之际被更有力量的后来者撕成碎片。一般的动物因为心智过于简单,无法认清这可悲的命运,只能遵循大自然的丛林法则,代代延续。但人不一样,因为人有更为复杂的语言和心智,因此他才有可能看到更远的东西。这种能够超越当下之一时一地的需要,而看到更久远未来的时间意识,是契约论之所以可能的基本前提。

人是有着复杂心智的语言动物,这一点至关重要。人有语言能力,是说人类大家庭中所有发育健全的成员,都有语言能力,而并非指某一两个人或某一家族的人才有。在一些哲学家或语言学家那里,比如笛卡儿及后来的乔姆斯基,均认为语言能力是先天的,而并非后天的习得。人先天具有语言能力,这就意味着,人先天具有认知世界的能力;只是这种潜能在后天的生活世界中,最终能发展到什么程度,则依赖于更多复杂的因素。但无论如何,一个发育正常的普通人,尽管资材有别,各有专长和缺陷,不能否认的是,他一定有照料自己生活的基本常识。而事实上,一个发育健全的动物,也能按照自然界的法则,在可能的范围内独立谋生,更何况人呢?而所谓政治,在很大程度上就意味着生存资源的分配,因此在这个问题上,任何一个发育健全的成年人都有发言权。至于发言的质量如何,则是另外一个问题。关于这一点,在后面的论述中,我可能从另外的角度继续提到。

现代社会的基本确立，是基于公共领域和私人领地的明确区分。对于这一划分，学者们尽管仍有争议，但大致说来，对于它作为支配现代社会的基本法则之一，还是比较清楚的。以这种划分为前提，人类语言的功用也可分为两个方面。一方面是在私人的领地，语言作为基本的生存手段之一，支配着人的日常生活。人们在合作中交谈，在亲密的人面前倾诉并获得物质资源和心灵安慰。这些基本的语言能力，大多数人其实都具备。而在公共领域，人们以语言为手段，就涉及公共利益的问题进行讨论，在有争议的地方，展开激烈的辩论，再自然不过。在传统社会中，相对而言，成年男性有较多参与公共辩论的机会，因此在这种问题上经验较多，逐渐掌握了更多的辩论技巧和手段，显得更有能力。但要知道，人们在公共领域展开辩论时所使用的语言，也就是基于人日常生活中的自然语言的语言，即使偶尔在这里那里发明几个专门术语，也不能离日常语言太远。有时候，这些较多参与公共事务的人物，出于炫耀和巩固自身地位的考虑，会有意生造一些专门词汇，借以排斥和打击可能的挑战者。也就是说，并没有任何一个人，天生就掌握一套辩论的技术，因此更有资格从事公共事务。当然，人各有资材，这是毫无疑问的，但是就政治领域而言，我们并无正当的理由将某些人武断地排除在外。也就是说，在现代社会，没有任何一个人有足够充分的理由，取消别人参与公共事务的资格。至于别人最终是否选择参与政治事务那是另一回事。

正是基于如上论述，现代意义上的多数人统治才得以实现。古典时代的民主制，也是多数人统治，但当时所指的多数人，是将很大一部分人排除在外的，比如妇女和奴隶。在当时的人看来，一部分具备公民资格的成年男性来参与公共事务，进行公共决策，是相当自然的一件事。而且，因为当时的政治共同体规模不是很大，人们有可能就有争议的公共事务进行面对面的辩论。

这在一定程度上巩固了古典民主制的正当性。但现代意义上的民主制，因为民主国家的规模一般都比较大，在技术上很难实行广场政治，因此在一些比较重大的公共事务上，人们的辩论只能诉诸公共媒体，而非面对面的讨论。现代民主制最重要的特征，主要体现在民主选举上，即人们以选举的方式，来间接参与政治决策，这就是所谓的代议制。现代民主制并不完美，因此其所招来的批评，可能有时候比对其的赞美还多。对现代民主制的批评，有来自内部的批评和来自外部的批评。来自内部的批评，有时是非常尖锐的。

美国政治哲学家德沃金的《民主是可能的吗？新型政治辩论的诸原则》①一书，大致在上述所谓内部批评的范围内。基于美国的政治现实，德沃金对现有的代议制民主相当不满意，他认为这里存在一些根本的原则性缺陷。他由此批评说："民主的多数主义理念是有缺陷的，因为它自身无法解释什么是好的民主。单纯地称量人数，这本身无助于一个政治决策的价值。我们需要一种更深入的而且更复杂的叙事，让它告诉我们在一个政治共同体内部，在多数规则对于该共同体是恰当的之前，什么样的条件必须得到满足和保障。"为克服目前这种多数主义的民主，德沃金建议采取一种伙伴式的民主，他对此论证道："多数主义的观念声称是纯粹程序性的，并因此独立于政治道德性的其他维度；它允许我们主张，如我所描述的，一个决策是民主的，即使它是非常不公正的。但伙伴式观念没有使民主独立于政治道德性的其他部分；在那种观念之下，我们需要一种平等伙伴关系的理论去决定什么是或不是一种民主的决策，而且我们需要去征询关于正义、平等和自由的理念建构这样的理

---

① 德沃金：《民主是可能的吗？新型政治辩论的诸原则》，鲁楠、王淇译，北京：北京大学出版社，2012年。

论。因此根据伙伴式理念，民主是一种实质性的，而非纯粹程序性的理想。"

在这一新型的伙伴式民主架构中，最为关键的因素，是在程序性的多数主义之外，采取必要措施，就相关决策是否合乎人们所共享的原则而展开有效论辩，以此来优化民主。在德沃金的设想中，他所讲的"论辩"是指那种旧式的意义，其中在非常基本的政治原则中分享一些共同点的人们，进行关于何种具体的政策能够更适于这些共享原则的讨论。相当清楚的是，德沃金在这里所要提倡的"旧式"论辩，不同于我们前面提及的那种基于自身的利益诉求而进行的辩论。这里的论辩，因为涉及更基础的原则问题，因此对参与讨论者的素质就提出了相当高的要求。或者不如说，德沃金关于伙伴式民主的基本设想，是相当精英化的。但是要知道，民主政治的精英化过程，有可能意味着对民主的背叛，而非对民主的优化。关于这一问题，我在下面的分析中还将论及，因此不妨暂时悬置。

继续看德沃金关于伙伴式民主的设想，其中最核心的环节，即就相关公共政策是否合乎基本原则的问题进行审慎、细致的论辩。这一论辩的第一步，就是在论辩的参与者中，积极寻求各方均能认可的共同点。德沃金给出的两条原则，分别为"内在价值原则"和"个人责任原则"：这两个原则主张每个生命都拥有内在的潜在价值，以及每个人都对实现自我生命的价值负有责任，由此共同构成了人类尊严的基础和条件。原则上讲，我当然同意这两条。但在我看来，问题在于在基础的共同点上，其实是无法提供有效论证的。比如说德沃金的两条原则，蕴含着平等在先的主张，其次才是与责任相关联的自由。但在德沃金的论辩对手罗尔斯那里，其在《正义论》中首先确定权利优先于善，之后才承诺差异原则的重要性。这就意味着在根本点上，他们就是有分歧的。而要为自己捍卫的原则提供辩护，就意味着无休无止的哲学论证,这就离政治实践太过遥远。而且,在我看来,在自由与平等何者优先这类问题上,根本上就无法通过论证来达成共识。因为这一方面取决于论辩者当时所处的政治社会条件,另一方面源于论辩者个人的信念或偏爱。在哲学论辩中,哲学家们为自己的学说提供论证,即使无法取得最终的共识,也是有价值的。因为通过相互之间的交锋和论战,至少可以加深人们对相关问题的理解。但将哲学的游戏搬至政治实践的场域就是不合适的。因为在现代社会中,政治无非就是意见和判断,而与真理无关。正如约翰·邓恩所言:政治从头到尾就是判断。政治内部根本不存在这样一种有效的认识论诉求,即对存在于政治之外的某种知识的诉求。只存在我们对彼此判断之得当性作出的十分直率的判断,只存在一种关于明确的实践活动的框架,直率的评价通常就是在这种框架之内或依据这种框架作出的。这种实践活动框架本身就反映了(并且有赖于)一系列模糊的、涵盖很长时期的判断,这些判断永远都向修正行为开放,归根结底,它们可靠的基础无非也就是判断本身。对于论辩所能取得的效果,德沃金本人其实相当清楚,在本书的结尾处,作者写道:"在本书中我呼吁论辩,而你可能会认为,现在我只能最终退回到信念之中。你或许是对的。但没有信念,论辩便毫无意义,而这种信念存在于与你进行论辩的那些人之中。"

 # "科学"这件外套

在后期维特根斯坦那里,哲学是一种治疗。治疗的对象当然是疾病。具体来说,是思想的疾病,是错误的思维方式。思维与语词相连。因此,错误的思维方式,主要表现为语词的误用。维特根斯坦说,哲学家是那样一些人,他们先行穿过语词的荆棘丛,在危险的地方做上标记,警示人们此路不通。这样的工作只能是小心翼翼的。在这里,我们也可看到,与传统哲学家构筑理论大厦的方式不同,当代哲学家的工作是多么的琐碎和细小。哲学关注大问题,当然。但在当代哲学那里,对大问题的关注,又往往是从很细微的地方入手的。由此,如果只是将哲学笼统地理解为玄乎的大话,只能表明自己对当代哲学的无知。

基于如上对哲学的理解,我认为教会人们正确地使用语言是一项重要工作。正是这一原因,构成了我尝试写作此文的内在动力。这篇小文的内容,首先是对"科学"这一概念做大致的分析,搞清它的基本含义是什么。之后,我会对误用甚至滥用"科学"的原因提供一种社会学意义上的解释。当然,这里的工作,只停留在非常表浅的层面,目的是对常识问题进行澄清。至于本文涉及的诸多大问题,只能留待以后再说。

提及"科学"一词,人们首先想到的是自然科学,诸如物理学、化学、生物学等。由此,如果说有一个笼统的"科学"概

---

* 原载《社会学家茶座》,2012 年第 1 辑。

念，它一定是以自然科学为典范的。而自然科学的典范是近代物理学。因此，所谓笼统的"科学"，是指在某一方面很"像"物理学的一些学科。正是基于这种相似性，它们被认为具有科学的特征，从而构成了一个"科学"的家族。但不应忘记的是，这一"科学"家族（或称宽泛意义上的"科学"）的形成，基于某些非常核心的因素；如果没有这些因素，科学就不成其为科学。据有关学者研究，科学形成的核心因素，即物理学的典范性特征，主要有两条：一是充分的数学化，二是科学的实验方法。在思想上为科学奠基的最切近的两个人是笛卡尔和培根。这两条之中，第一条更为根本。举一个例子，孟德尔遗传定律的发现最关键的一步，是采用了概率统计的数学方法。关于"充分的数学化"——请注意限定词"充分"，这里的意思其实是说，科学从根本上说，主要是用数学这种语言来表达的。也就是说，那种偶尔画几个表格、填写几个数据的研究，本身并不是科学。理由很简单，数学在他那里只是辅助性的，并非作为最主要的语言来使用；或者说，这里的数学化，只是非常表面和局部的，而不是"充分"的。第二条，科学的实验方法意味着理想条件的设定。当然，还有实验仪器的精密化（数学化），等等。科学处理经验世界的问题，但它用一种有别于哲学、常识的方式来处理，即所谓实证。数学不处理经验世界的问题，因此它不是科学。陈嘉映指出，我们一般说的"经验科学"，因无法显出这种方式的特殊性，所以他认为用"实证科学"一词更好。科学的实验方法在关于自然物的研究中，在不小程度上是有效的；但在关于社会问题、人类精神状况的研究中，却有着根本上的困难。正是这一原因，新康德主义哲学家才将自然科学与精神科学区分开来，也才有我们今天对于文理科的划分。新康德主义哲学家使用"精神科学"一词，有其特定的思想背景，在下面讨论相关问题时，我会提供一个简单的解释。

近代科学产生于西方有其复杂的原因。但其最初的源泉，则根植于古希腊哲学的理性传统，那时，科学与哲学之间并无明晰的划分或界限。这只是一个粗梳的大概。但因哲学与科学之间的复杂关系并非本文主旨，在此不再多谈。

本文关心并要处理的中心问题，是对"科学"这一概念的分析。上上段分析的"科学"概念，是最典型意义上的科学，或曰自然科学。这是"科学"一词最基本的用法。但在此用法之外，还有一种广有影响的观点，是由德国古典哲学家提供的。他们认为，所谓科学，就是对某一知识领域的系统探求。"精神科学"之说，盖由此也。如此说来，自然科学的各个分支所探求的知识范围不免显得狭窄。黑格尔式的哲学体系才是包罗万象的，穷尽一切知识领域的，这样一推，哲学就成了科学之科学，或曰最高的科学。在各门具体科学之上，有一个高高在上的哲学。历史证明，哲学家的这一观点，不过是狂妄之语，遭到当时及后世科学家的冷嘲热讽。同时，在此哲学基础上的知识观，即通过系统的知识探求，建立自足知识王国的宏伟设想，也不过虚梦一场。在当代世界，探究知识的工作越来越琐碎化。这一不可逆转的事实，有力地宣告了德国古典哲学用法中"科学"概念的虚妄。尽管如此，德国古典哲学中的"科学"用法，仍然在全世界范围内产生了重大影响。关于这一点，我在本文之后的部分还将提及。

接着要分析的是"社会科学"这一概念。首先要明白，社会科学不是典范意义上的科学，这一点应是清楚的。"社会科学"这一概念的提出，是孔德的功劳。他大致认为，与自然科学相比较，社会科学所要研究的对象，涉及人类社会，更为复杂。因此，在他看来，真正成熟意义上的科学，是社会科学。但"科学"的这一用法，只是比较特殊的一种。在当代，"社会科学"这一概念之所以广为传播，有其内在的根据。社会科学的典范性学科是经济学。经济学之为科学的理由，就是前面提及的"第一条"：充分的数学化。经济学家通过建构复杂的数学模型试图解决各种各样的经济学问题。但无论如何，经济学家一般仍不会像自然科学家那样，穿上白大褂，在某一实验室完成实验。这一通俗的解释，无非是想提请读者注意："社会科学"中"科学"一词的用法，本已是扩展性的了，也就是说，其严格性已打了折扣。因此不允许再无限制地"扩展"下去。但我们说"社会科学"这一概念有内在的理由，并不表明其没有可议之处。正如孔德指明的，社会科学研究对象的复杂性，使"充分的数学化"这一目标根本无法实现。在自然科学的研究中，实验失败的后果是可控的。而社会领域的实验是不允许失败的，因为一旦失败，将造成巨大的灾难。将某些冠以科学之名的教条，强行推入社会领域，其造成的灾难，对于全世界的人来说都并不陌生。

在所有学科中，人文学科离科学最远。而在人文学科中，离科学最远的是文学。当然，我们可以在最根本的层次上，说真善美是统一的；但要注意，这样说时，并未取消文学与科学间的巨大差异。理由很简单，即无论是文学创作，还是文学研究，一不能实现充分的数学化，二不能通过科学的方法在实验室完成。归根结底，想提醒读者一点，即不是所有的学科都一定是科学。科学所能解决的问题，毕竟有其限度。维特根斯坦说，科学是使人重新入睡的途径，这一点不可不察。

读韩水法《正义的视野》[*]

或许每个时代都存在这样一个问题：面对当下的生存境遇，旧有的经验、话语、阐释框架等一系列因素所构筑的学术范式丧失了有效言说的基本效力。而艰难的现实处境又逼促着这个时代最敏感的神经，迫使它对当下的不安提供某种必要的解说或说明，并在此基础上重构某种较为合理的规范或秩序。从历史的维度出发考察，我们之所以说某个时代是平庸或黑暗的，一个很重要的原因即是：面对当时的艰难处境，那个时代最优秀的人也无力面对前所未有的挑战，更无力承担起整个时代的重负。从学术、思想的角度讲，即是说那个时代没有一颗足够强大的头脑，能够直接回应时代的挑战，从而对自己所处的时代进行有效的描述或说明，进而构建某种合适的规范和秩序。即使是这样，每个时代所面临的问题都有或大或小的差别。对多数普通人而言，一个所谓比较幸运的时代，可能即是说这个时代相较于以前或以后的时代，没有出现过于巨大的断裂：人们依照既有的经验、习惯和智慧，即可解决大部分的生存问题，因此日常生存不会产生巨大的震荡。这样的时代是少见的。

而在20世纪，人类在经过了两次世界大战之后，整体性地陷入了一种巨大的震荡之中。这种震荡是巨大的，它波及每个人的日常生存。而反映在学术上，即一切传统的学术均遭遇前所未

---

[*] 原载《文景》，2009年第12期。

有的危机。中西方学术面对着一个共同的关口：现代转型。政治哲学作为一门现代学科，同样面临这样的转型，而且这样的转型尚在进行之中。我们说一门学科之所以有存在的理由，至少要有较为稳定的研究对象、专业的研究方法和研究人员。而研究领域的确定、研究方法的探索，理应得到学理上的划定和说明。中国政治哲学的特殊性在于：它和中国其他一些现代学科一样，是从西方传入的。而且自它传入之后，在没有得到很好发展的情况下，学术探索被外力强行掐断。而它在当下中国的恢复，不过一二十年的时间，历史较短。在这极短的历史中，从学术层面讲，中国学者尚且鲜有原创性的理论，但理论与实践均向政治哲学提出了尖锐的挑战，需要政治哲学做出回答。

政治哲学之所以是哲学，即有很高的理论要求。一般哲学理论及方法，可为政治哲学提供一定的理论与方法支持；但在此之外，政治哲学更需发展自身的理论与方法。政治哲学除了是哲学的，也是政治的。这就要求其对现实性的政治实在有所关注，并将其作为构造理想规范与秩序的实践基础。除了以上两种说明，我们尚需某个进入政治哲学的突破口。韩水法的《正义的视野——政治哲学与中国社会》[①]一书，主要是从正义这一问题角度切入的。而有关正义的研究，正是政治哲学家所关切的中心问题。韩水法在该书中指出，正义的话语是一种元话语，这就决定其永远不可能在现实中充分实现。但正义的要求之所以是必要的，一方面是为了提供一种理想性的规范和秩序，另一方面也是为了批判现实的不合理提供一个比较确定的标准。首先是如何面对西方政治哲学的问题。运用某种简单化的教条来一番大批判的做法是不合时宜的，而深入的研究是必须的。只有在深入研究的

---

① 韩水法：《正义的视野——政治哲学与中国社会》，北京：商务印书馆，2009年。

基础上，我们才能知道西方政治哲学到底能为我们提供多少东西并看清其局限与缺失。但仅仅有西方的学术资源是不够的，中国传统的学术资源必须得到应有的重视，只有面对本土问题，才能成就真正的中国学术。正是基于我们的理论与现实处境，韩水法指出："政治哲学在中国的发展必然要面对理论与实践之间的紧张对立，并且在这种对立之中形成新的观念、诠证新的思想和构成新的原则，这些观念、思想和原则并不会仅仅是一种权宜之计，而会拓宽和深化对于正义及其原则的理解和视野。"①

当代世界政治局势对政治哲学提出了尖锐的挑战，其中最重要的一个方面即世界正义的问题。韩水法在书中认为，西方政治哲学家如罗尔斯等，其研究主要设定在一个封闭的国家内部，而如果将其相关原则推至全球领域，则基本是失效的。因此作者通过分析认为，从可实现性的角度出发，与其主张一种没有实践效力的世界理想，更应该将重点放在国际正义这一层面。因为至少从现在的世界局势来看，国家仍然扮演着极为重要的历史角色。落实到实践层面，在全球化的背景中，现在的国际秩序是以西方国家为主导模式而建立起来的。而这种秩序之所以是不正义的，原因在于建立现行秩序的基础是不平等的，国家间的平等地位没有得到很好的承认和制度体现。因此，国际正义秩序的建立，必须基于这样的事实：所有西方与非西方国家都应得到平等对待。

国家内部的正义问题是中国政治哲学研究的重要方面。作者认为，正义是历史性的。需要说明的是，对历史—现实性问题的关注，并不表明政治哲学要放弃自身的哲学品格走实用主义和机会主义的路线。韩水法在对新权威主义的批判中，表明了这一

---

① 韩水法：《正义的视野——政治哲学与中国社会》，北京：商务印书馆，2009年，第54页。

点:"新权威主义理论上的这些错误使它一方面把分析的概念手段当做社会实在,把个别的事例当做一般有效的规则,另一方面又把历史的多种可能性人为地限制为唯一的一种可能性,以机会主义的态度来选择未来的发展途径。"①

在上述所有问题之外,中国政治哲学还有一个如何表述的问题(也是整个中国学术的问题)。韩水法在书中提道:"……现代汉语仍处于形成过程之中,并未产生严格的语法规范,从而缺乏有效的内在约束。""现代汉语就像现代中国社会一样,既没有达到政治和文化上的统一,也没有达到规范上的统一。"② 从这个角度讲,既然没有现成的规范,那就会有一个逐步制定规范与内在约束的过程。而我最后想要补充说明的是,如何表述的问题,绝不仅仅是一项技术性的要求;用汉语书写具有原创性的思想文本,是为中国学术赢得尊严的重要一环。

---

① 韩水法:《正义的视野——政治哲学与中国社会》,北京:商务印书馆,2009年,第18页。
② 韩水法:《正义的视野——政治哲学与中国社会》,北京:商务印书馆,2009年,第264页。

政治哲学与古典趣味
——读应奇的三本书

2013年，应奇教授出版了《古典·革命·风月：北美访书记》一书，记录了作者在北美、我国台湾地区等访书的有趣经历，信息丰富，并兼有作者的感悟和即兴式的评论，因此被视为一册关于政治哲学、政治思想史的导读本。关于访书，作者在书中有这样的感叹："现在想想，与其说我是找书，还不如说我就是在感受那种氛围，而且认真说来，在我们的生活和生命中的某些时刻，我们所要的不就只是那种单纯延宕着的感觉吗？"[①] 如此看来，访书之最高境界，不在访书本身，而在于书我两忘，感受那生命延宕的纯真时刻。

2014年，应奇又出版了《生活并不在别处》，收录了作者此前发表的一些论文、序跋及闲散文字，但主要仍与访书、编书有关。作者自陈，此书的写作可谓是一部"自救之作"。但作为读者而言，我们不仅能读到许多学林逸事，其中不乏鲜活的秘闻；更重要的是，我们能在此体会到作者的知识视野、眼界和抱负，以及智识的趣味。在此之外，那幽深曲折的治学心路，也足以道尽一个哲学研究者的无奈和持守。

---

① 应奇：《古典·革命·风月：北美访书记》，杭州：浙江大学出版社，2013年，第219页。

2017年，应奇再另出一册《理智并非干燥的光》①，算是他的第三本学术随笔集。其中既有他对哲学研究之历史与现状的反思，又有相当一部分文章，一如既往地是对作者学术交游和访书经历的记录。

尽管因是文集而内容稍显驳杂，但如果我们将这三本书合起来看，仍可看出一些贯穿始终的线索。一是在学术方面，应奇关注的重心是政治哲学。二是在智识的趣味方面，应奇是一个古典学爱好者。从第一本书的书名，即可看出此点。而作为一名研究西方哲学的学者，应奇更喜爱的，却是中国的古典作品。

在这篇短评中，我主要想谈一下在阅读应奇这三本书的过程中受到的一些启发。大致说来，主要包括以下三个方面：一是关于政治哲学，二是关于哲学，三是关于实证主义及其批评。

一、关于政治哲学

20世纪90年代末以来，政治哲学成了中国人文学术界的显学，直到现在仍在继续。我想这里的原因是多方面的，但大致说来，一是学理层面的，二是现实政治层面的。在学理层面上，从20世纪70年代以来，西方哲学界发生了深刻的政治学转向，或曰实践转向，因此，政治哲学的问题受到更多学者的关注和研究。中文学术界亦受到这一学术思潮的强大影响。在现实政治层面上，正如萨拜因在《什么叫政治理论？》一文中所写："政治哲学著作的大量问世，是社会本身正在经历艰难困苦时期的确切征兆。"②

---

① 应奇：《理智并非干燥的光》，杭州：浙江大学出版社，2017年。
② 转引自应奇：《古典·革命·风月：北美访书记》，杭州：浙江大学出版社，2013年，第20页。

政治哲学在受到广泛关注的同时，也存在一些问题。作为一种公共哲学，相较于哲学的其他分支如形而上学、知识论等，人们对如何理解政治哲学本身，似乎更少有共识。在中文学术界，比较有代表性的至少有这样几种观点。一种是比较主流的，以罗尔斯的《正义论》为范型，并以此为基础展开相关问题的讨论。二是以施特劳斯为尊，借施特劳斯的眼光，重新解释古典政治哲学，挑起"古今之争"。三是共和主义进路，著名者有佩迪特等，汉娜·阿伦特亦可归入此列。

新保守主义者对罗尔斯多有批评，原因可能在于在他们看来，罗尔斯的政治哲学过于看重平等。但应奇在《政治哲学译介之再出发》一文中指出："而新保守主义者极力诟病乃至于轻薄讥诮的罗尔斯的正义论之所以能够拨动西方智识人的心弦，触动他们的神经，并不仅仅在于它在公共政策层面上为当时流行的福利国家模式提供了表面化的理论论证，而在于敢于直面西方现代性内部自由价值与平等价值之间的内在冲突和紧张，并通过发展和提高康德式契约论的论证水平，调和与综合洛克和卢梭的政治遗产。"① 也就是说，罗尔斯政治哲学之所以引起巨大反响，在于其能直面现代性内部的价值冲突，而关于这一点，是新保守主义者未能充分理解的。

事实上，近代以来开始流行的平等观，新保守主义者对其缺乏足够的理解。

"保守主义者"们除了对平等持一种绝对否定的态度，也有一些自己的特点。他们先是借力于施特劳斯，以西方的古典哲学否定现代性，进而引出，相较于西方而言，中国有一个更为完整的古典传统，因此，"回到中国"的论述，就自然而然地出现了。但无论如何，无论是偏重于哪一个古典，其对现代性的批判是一

---

① 应奇：《生活并不在别处》，杭州：浙江大学出版社，2014年，第231页。

致的。

这样一种"扭转乾坤"式的保守主义,其实是一种文化激进主义。应奇评论说:"认真说来,极端的'厚今薄古'和片面的'厚古薄今'只不过是一个硬币的两面,后者同样容易与它所批判的历史主义一样导致价值虚无主义。一厢情愿的'思接千古'既不可欲,更不可行,因为古人的智慧也只有当它能够有效地回应我们当下面临的问题时才能够被重新'激活'和焕发光彩。"①

中国"施派信徒"们的学术研究,有其内在的悖谬性。聂敏里在《古典学的兴起及其现代意义》一文中,对此有透辟的分析和尖锐的批评:"在这批经由施特劳斯进入西方古典学研究领域的学者这里就发生了一个特别奇妙的现象,这就是,他们在很短的时间内进入到西方古典学的研究领域,主要是从政治思想的角度对古希腊哲学做了施特劳斯式的特殊解读,但是,还没有等这种解读方式成熟起来,并且产生足够丰硕的研究成果,他们已经迅疾地离开了西方古典学的研究领域,转而开始目前看来尚未停止的对中国古典的研究。而在这里堪称悖论的就是,他们要最为纯粹地来研究中国的古典,但实际上他们无论是在研究的方式上还是研究的术语上都完全是西方的。"②

经过细致分析,聂敏里认为,中国目前的古典学热,很难说有多大的学术意义,因为"它还缺乏对无论是西方的传统还是中国的传统的深入的、科学的研究,而是建立在一种本质上是文化想象的修辞和叙事当中"③。

---

① 应奇:《古典·革命·风月:北美访书记》,杭州:浙江大学出版社,2013年,第173页。
② 聂敏里:《古典学的兴起及其现代意义》,《世界哲学》,2013年第4期,第124页。
③ 聂敏里:《古典学的兴起及其现代意义》,《世界哲学》,2013年第4期,第124页。

关于这一问题,应奇在《从文化政治到政治文化》一文中写道:"关键似乎仍然在于文化政治论的这种'用「进入西方」的方式,来「回到传统」的论述策略背后所要'进入'的'西方',到底是什么样的西方。"① 相当多的读者可能也有此困惑。但无论如何,那种以中西比较的方式论证中国古典优越性的思路,其实自晚清以来就相当流行,因此也就算不上有多新鲜。

回到应奇本人的思路上,关于政治哲学,他并不完全认同主流的罗尔斯路线。相比而言,他更看好柏林的思路。在《倚杖听江声——我与柏林》一文中,应奇写道:"把柏林作为当代政治哲学之出发点或'一切的开始之开始',至少从字面上来看,是更有益于我们对于政治哲学'为何'和'何为'之理解和把握的。"② 这样一种对政治哲学的理解,在我看来,至少是比较切合当下现实语境的。

二、关于哲学

关于政治哲学的理解,就谈以上这些。在应奇的书中,有一些零散的关于如何理解哲学的观点,亦具启发性。比如,应奇在书中记录,说有一次,他问石元康关于女性主义哲学的看法,石元康说:"基本上,一种高度对抗性的做哲学的方式不会是一种好的方式。"③ 如此看来,石元康所理解的好的做哲学的方式,不应该是高度对抗性的甚至是进攻性的。因为哲学的方式,其实是说理的方式,而说理的本性,不在于对抗,而在于论证或辩护。

---

① 应奇:《古典・革命・风月:北美访书记》,杭州:浙江大学出版社,2013年,第66页。
② 应奇:《生活并不在别处》,杭州:浙江大学出版社,2014年,第127页。
③ 应奇:《生活并不在别处》,杭州:浙江大学出版社,2014年,第263页。

应奇的博士论文研究对象是斯特劳森，他在一篇文章中引用斯特劳森的话："一个哲学家除非用他那个时代的术语去重新思考他的先驱者的思想，否则他就不能理解他的先驱者。康德、亚里士多德这样一些最伟大的哲学家，比其他哲学家更多地致力于这种重新思考，这一点正是他们的显著特征。"[①] 如此看来，那种知古不知今式的古典研究，事实上是无法真正进入古典哲人的思想世界的。

从正面的意义上说，在我们这个时代，应奇将哲学理解为一个"调停者"。他在《哲学、政治与文化的三重奏》一文中写道："哲学现在不再是一个自上而下的'仲裁者'，而是一个居间的'调停者'，不再是一个即将一劳永逸地提出'仲裁'的外在观察者，而更像是一个随时准备修正自己的概念框架的内在参与者。"[②] 从这个角度看，哲学早已失去了指导一切的功能，而其所能做的，不过是搭建一个理性沟通的平台，并作为对话方之一参与到理性对话之中去；而且，在对话的过程中，时时准备修正自己的概念框架。

三、关于实证主义及其批评

实证主义观念的兴起源于自然科学在近代以来所取得的巨大成就，先有圣西门后有孔德的努力，他们都主张用自然科学的方法来研究社会科学问题。具体到历史学研究中，则是以史料为中心，寻求对历史发展机制的说明，而非对历史意义的理解。如此一来，传统意义上作为人文学科的历史，就进入了社会科学的领地；历史学研究由此获得了某种客观性，从而成了科学家族中的

---

① 应奇：《生活并不在别处》，杭州：浙江大学出版社，2014年，第8页。
② 应奇：《生活并不在别处》，杭州：浙江大学出版社，2014年，第255页。

一员。

林国华在《尤特罗庇乌斯的生平和著作》一文中写道:"'史料'是近现代史学家和史学生们的'上帝',这种情况在德国尤甚。19世纪诸多德国大史学家(上达尼布尔、下迄蒙森)大都以'史料学'的眼光对待古代史撰写,他们在撰写罗马史的时候,要对古代史料竭泽而渔,在此基础上做到有据可依,他们的野心是,未来研读罗马史的读者只要去看他们的作品就够了,至于李维、塔西陀之类的原始文献,可以完全忽略。"① 这一实证主义的思路,在民国时期经傅斯年等人的提倡,对中国后来的历史研究亦产生了极大影响。历史即史料学成为这一派学人的响亮口号。

这样一种思路,在将历史科学化的同时,亦造成了某种严重的问题。林国华在上引文章中对此有公允的评论:"近现代史学界这种以'史料'为核心的工作可谓繁难艰巨,非一般人所能为,其所取得的成绩也令人叹为观止,肃然起敬;然而,他们妄图使读者一劳永逸地抛弃原始文献的野心却并不可取。因为这样的话,我们这些卑微的读者固然获取了丰盛的史料,但在同时,也失掉了古代史书中那些永远不能用'史料'所权衡与裁断的东西,比如希罗多德的戏谑、修昔底德演讲词中的政治学、塔西陀的不怒不苦、普洛科皮乌斯的大怒和大苦、约瑟夫斯'犹太人问题'的焦虑,甚至尤特罗庇乌斯撰《罗马国史大纲》以教化君主的心愿——笔者相信,古代史家撰写历史除了给我们后人遗下'史料'之外,必定还有别的或隐或显的意图,作为他们的遗产继承人,我们不应该在任何'科学的'或者'学科的'借口之下

---

① 林国华:《尤特罗庇乌斯的生平和著作》,载《在灵泊深处:西洋文史发微》,北京:北京大学出版社,2014年,第98页。

放弃那些古老深远的意图。"①

　　历史的实证主义研究在奉行价值中立的同时,使史家丧失了洞明世事的机会和能力,也就使史家丧失了对整个世界的价值评判,从而听任极权主义或虚无主义的兴起而无所作为。应奇在《慷慨激昂之气,深沉郁勃之致——我读赵俪生》一文中写道:"在阿伦特看来,历史意义的最终仲裁者不是历史而是历史学家,这是因为,只有恢复了历史学家和仲裁者之间的联系,我们才能从现代伪神学的历史（History）那里重新赢回人的尊严。"② 以汉娜·阿伦特的眼光看,实证主义的历史学研究,因其预设了一个高高在上的上帝之眼,由此不过是一种伪神学的历史。而只有当我们承认历史学家作为价值仲裁者的角色,并主动承担起思及判断的责任时,人之尊严才有望获得维护。

---

　　①　林国华:《尤特罗庇乌斯的生平和著作》,载《在灵泊深处:西洋文史发微》,北京:北京大学出版社,2014年,第98—99页。
　　②　应奇:《生活并不在别处》,杭州:浙江大学出版社,2014年,第64页。

从政治学角度看西洋文史*

林国华在 2014 年出版的《在灵泊深处：西洋文史发微》①一书后记中写道，此书的写作虽涉及广泛的作家作品，但作者因其政治学的专业和问题意识，在此意义上使全书有一种内在的一致性。当然，作者此处所说的"政治学"，主要不是指现代学科划分意义上的政治科学，而更多是一种政治哲学、政治思想史的考量。

整本书的主要内容实际上是作者的阅读札记，广泛涉及西洋文史中的多个领域。如此广泛而具有启发性的议题，自然不能在此一一谈及。对笔者而言，最具启发性的是书中对船作为国家的隐喻、对浪漫主义的批评及关于隐微写作的讨论。因此，此篇阅读札记的写作，将主要围绕这三个问题展开。

一

隐喻式的理解和表述，广泛存在于理论言说及日常话语中，甚至在科学词汇中，也时有隐喻的痕迹。关于隐喻问题，当代英美哲学多有讨论，包括考虑隐喻的实质是什么。在陈嘉映看来，隐喻虽是一种特殊的比喻，但不仅仅是一种比喻。因为隐喻之奥

---

* 原载《民主与科学》，2014 年第 6 期。
① 林国华：《在灵泊深处：西洋文史发微》，北京：北京大学出版社，2014 年。

义在于，它不是一个层面上的"像"，而主要是一种"是"。这里的"是"，意为以隐喻的方式，连通已成形和未成形的经验，用成形的表述未成形的。在《说隐喻》一文中，陈嘉映说得明白：隐喻就是借用在语言层面上成形的经验对未成形的经验做系统描述。经验在语言层面上先由那些具有明确形式化指引的事物得到表述，这些占有先机的结构再引导那些形式化指引较强的经验逐步成形。

林国华在《船：一个古老的国家隐喻》一文中写道："以'船'隐喻'国家'，以'大海行船'隐喻'统治'国家，以'航海术'隐喻统治国家的技艺、知识乃至秘密，这在古代希腊文史与政治文献中屡见不鲜。国家被视为一艘脆弱的船，凭借着卑微的航海术在大海上航行。"这样一种源于古希腊的国家隐喻，事实上也已进入了中文语境，比如广为流行的语句：大海航行靠舵手。但无论如何，船之作为国家隐喻，主要涉及社会—政治实践的问题。

事实上，船之隐喻还关涉人类的认知问题。这一隐喻的现代表述，是由纽拉特完成的，他在《记录陈述》一文中写道："我们无法建立完全可靠、完全清洁、用以作为科学的起点的记录陈述。在这里，不存在一尘不染的白板（tabula rasa）。我们就好像这样的水手，他们无法在干船坞里把船拆散，并用最好的材料重新建造它，而不得不在公海修复他们的船。只有形而上学才会彻底消失。不精确的'语词簇'（'Ballungen'）总是以某种方式构成船的部分。假使不精确性在一个地方减少了，它很可能会在另一个地方以一种更强的程度重新出现。"

纽拉特在此，主要讨论的是科学哲学中观察句的问题。意义的证实论者认为，原始的观察句是对实在的忠实记录，因此可作为可靠的科学起点。但纽拉特认为，这一思路是行不通的，因为观察句的精确性无法保证。由此，他对意义的证实论持一种批评态度。接着，他将科学的事业比作在大海中行船，而作为水手的科学家，也只能在既有的知识"基础"上修修补补，而无法万丈高楼平地起，在一片干净敞亮的空地上漂亮地建起一座美轮美奂的知识大厦。纽拉特的这一立场，大致可归属于科学哲学的整体主义。奎因曾在《语词和对象》一书中将纽拉特的话作为开篇引语。

在谈到船之作为国家的隐喻之后又提及纽拉特著名的船喻，是因为在我看来，西方政治思想的一个重要特点，即在社会—政治实践的问题上，总是以某种知识论的预设为基础。因此，将认知与政治实践问题联系起来，有助于我们理解这一重要隐喻。但这里的着眼点仍在于政治实践的问题。

以航海术隐喻统治国家的技艺、知识和秘密，引申出的问题是：谁拥有这样的技艺和知识？如何获得这样的技艺和知识，以及如何保证它的可靠性？这样的技艺和知识，其性质如何？它是一种整体性的知识，洞穿历史的烟尘，为一个国家指明大方向，还是如纽拉特所言，不过是零碎的小知小识，修修补补聊以度日？

整个航船之上，如果只有舵手一人拥有足够多统治国家的技艺和知识，那么毫无疑问，舵手将是指引事业前进的唯一力量。但在哈耶克看来，这是不可能的，因为即使舵手的大脑是一台配置极高的超级计算机，也不可能拥有统治一个庞大国家的所有知识。我们知道，人无论如何超拔，始终无能为神。

国家之船有没有一个最终的目的，或所谓历史的大方向？林国华写道："柏拉图认为，国家这艘航船终归是要驶过凶险的大海，最后到达某一处美好乃至神圣的港湾，而霍布斯则认为，这艘船没有目的地，因为大海无涯，从来就不存在什么港湾。这就是某些'现代人'和某些'古代人'争吵的前提。"以柏拉图的眼光看，国家之船有其终极目的，且是一无限美好的所在。而在霍布斯看来,这船并无终极目的,不过是在大海上漂浮,这样一种漂泊无依的状态,自然也就称不上什么完美。

从纽拉特的知识论立场出发,无疑霍布斯的看法更有道理。欧克肖特亦认同此点,他在《人文学习之声》一书中写道:"在政治活动中,人们航行在无边无底的大海上,既没有避风的港口,也没有停泊的陆地,既没有始发站,也没有指定的目的地。我们的事业是在船上平静地漂流;大海既是朋友,又是敌人;驾驶船舶的技艺在于使用传统的行为方式的资源,使每个敌对的场景都成为自己的朋友。"在这里,我们看到欧克肖特通过船之隐喻,引申出政治保守主义的结论,即在政治实践当中,应充分尊重传统的行为方式,因为它是我们唯一可资凭借的资源。

二

林国华在书中对浪漫主义的批评,相当有力。在《"雪花飞舞后面的繁星":博尔赫斯的东方遐想》一文中,作者引用博尔赫斯话说:"'文化'一词与种庄稼的农夫有关,'文明'一词则与城市有关。"在笔者看来,这段话极为重要。因为我们对现代政治文明的理解和追求,事实上是建立在城市的范型之上的。而浪漫主义的错位之处在于,他们对于诗人、儿童和精神自由的歌颂,事实上是对一种农夫式的生活方式的赞美,而这恰恰是非政治性的,或者说是一种极端的政治不成熟。如此一来,其对政治可能造成的后果,就可想而知了。

卢梭是这一路思想者的先驱。林国华在《卢梭的人生和作品》一文中写道:"凭借愤懑、尖刻、愁苦和阴郁等混乱的激情去守护所谓一种理想,这是一种非常现代的现象,在所谓的'现代抒情诗人'中间广泛流行。这种感伤的滥情风尚旨在以疯狂的手段标榜一种疯狂的观念、信仰,甚至是错觉,并且在这种疯狂所许诺的虚假的绝对独立中自我陶醉,这就是卢梭在孤独的漫步中所体会到的'存在感'的本质。"抒情诗人们关于自我的浪漫想象,严格讲不过是一种青春期的未成年状态,事实上无关理想,也根本不值得赞美。但浪漫主义的危险在于,他们刻意将一种未成年状态视为对至高理想的捍卫,从而拒绝走向精神的成年,拒绝承担其对世界和自我的责任。

浪漫主义有其深刻的思想史背景,罗蒂在《真理与进步》一书中写道:"自拜伦和歌德以来,男人已经把写诗看做创造性的自我,避免必须以某人的父母、教师、雇主和统治者所使用的术语来界定自己的最好的方式之一。自1820年左右以来,一个青年男子已经具有把他自己界定为诗人,在写作的方式中发现他的道德特性的选择。"① 而且,"成为一名具有诗人天赋的年轻男性就是能够以英雄的术语描绘某人自己"②。但是,以英雄般的术语描述自己,并不意味着抒情诗人就是真正意义上的英雄。无力承担起对世界和自我的责任,而只是扮演英雄的行为,则不过是在对世界撒娇的同时,进行了一场没有任何收益的自我欺骗。

抒情诗人们赞美儿童,标榜纯真,表面看来极其美好,但实质上是缺乏自制。更要命的是,这样的浪漫主义诗人多具备宣扬自我的本领,因此在一个动荡的社会中其成为政治统治者的概率颇高。但即使成了统治者,亦无法掩盖其精神不健全的实质。林国华在《洛克〈教育片论〉:洁净的源头与审慎的人》一文中写道:"在每一个暴君身上,每一个暴徒身上,我们不是都能依稀看到一个哭闹不休的孩子的身影吗?"

歌颂精神自由是俄罗斯知识分子的一个重要特征。但从政治文明的角度看,林国华认为这一思想事实上是反政治的。他在

---

① 罗蒂:《真理与进步》,杨玉成译,北京:华夏出版社,2003年,第194页。
② 罗蒂:《真理与进步》,杨玉成译,北京:华夏出版社,2003年,第195页。

《灵魂世界的装饰品，政治世界的缄默者》一文中写道："……通常所谓的'受苦的俄罗斯灵魂'，它其实是粗野的斯拉夫民粹思想、精致的东正教末世论神权政治狂信以及古老的日耳曼极端二元论神秘神学的大杂烩。'俄罗斯灵魂'从'受苦'中诞生，最后以'受苦'为崇高归宿，它滋养了一个没有'政治文明'的民族，蔑视'服从'，也不获'保护'，它津津乐道的是似是而非的'精神自由'，但却无往不在身体和灵魂的枷锁之中，从索洛维约夫、陀思妥耶夫斯基、别尔嘉耶夫，一直到布尔加科夫、舍斯托夫、梅烈日夫斯基以及发明了典型的俄罗斯式'撞墙哲学'的安德列耶夫，莫不如此。"从这个角度看，我们至少可以认识到，审美意义上的崇高，并不能替代对政治文明的思考。

三

隐微写作是近年来政治哲学中讨论颇多的一个问题。我对此关注不多，因此只能发表一点儿或许不甚恰当的浅见。如果说因为政治迫害的存在而在写作时有所隐晦，我想这样的例子，古今中外不乏存在，也许并不值得特别提出。但事实上关于隐微写作的讨论，有其特定的题旨和含义。

林国华在《古代诗与奥古斯丁》一文中写道："'隐秘写作'的命题是一个纯粹的无神论命题，其缘起于凡人对神的知识的可能性密切相关。具体而言，主张这一命题的人认为，少数哲人洞悉了一个可怕的真理，那就是神并不存在；这一真理与政治共同体的道德根基相左，宣扬这一真理不但危及大多数人的生活秩序，而且也置哲人于危险的境地，于是就出现了'隐秘写作'的传统，这种写作往往使得哲人的作品模棱两可，莫衷一是。"

从林国华的表述看，隐微写作其实是古典政治哲学中一个特有的问题。因为将政治共同体的道德建立在神法之上是古典政治的特有思路。而且,这样一种思路认为,在认知的意义上,哲人有一种超乎普通人的特异能力,因为只有他才能洞悉神并不存在这一可怕的"真理"。但从现代知识论的角度看,这样一种带有神秘主义色彩的认知方式,很难得到有力的辩护。

在此之外,隐微写作的提法还隐含了一个区分少数人和多数人的题旨。吴雅凌在《迫害与写作》一文中说得明白:"隐微写作归根到底是一种可以追溯到古代的政治哲学传统。古典哲人们相信,哲学从根本上是'少数人'的特权。公民宗教与个人宗教的区别隐含着社会与哲学的对峙,其实就是多数人与少数人的区别。"① 有了这样的区分,一个"自然"的引申是:在政治实践的层面上,少数人统治多数人,是自然正当的。这是一个相当极端的思路。正如罗蒂所谓民主优先于哲学,在相反的方向上极端一样。

我们即使从最善意的角度考虑,也只能认为,在古典政治哲人中,只有一部分倾向于隐微写作,而绝不可能是全部。林国华指出:"声称自己在古典作家那里发现了'隐秘写作'的学者并没有足够深刻地去体味一个重要的环节,那就是,他们发现的'隐秘写作'是一种内敛的、辩护式的、富有教派性质的写作方式,这仅仅符合一部分古典作家的风格;对于那些尤其具有立法意图的作家而言,这类观察显得非常狭隘,并不适用。"

如此说来,将政治哲学视为第一哲学,进而认为隐微写作是一种普遍方法的观点,就过于极端了。张志林在《哲学家应怎样看科学?》一文中认为那种把哲学看作只是关心政治问题的经典诠释功夫和显-隐写作技艺的观点是浮泛之见。我们可大致同意这一看法。

---

① 吴雅凌:《迫害与写作》,载《读书》,2013年合订本上,北京:生活・读书・新知三联书店,2013年,第29页。

道德生活[*]

关于道德问题,已往的讨论多集中在哲学领域,这当然是重要的;但也往往忽视了具体而微的道德经验,错过了很多重要的问题。读人类学家阿瑟·克莱曼的《道德的重量:在无常和危机前》[①]一书,带给了我与以往不同的收获。作者讨论道德问题的方式,简单说就是讲故事,并对此有充分的自觉。他说:"我相信从这些故事中,我们看到的不是哲学家式的精深的道德沉思,这几乎已经太多了。"关于这本书的写作,作者有这样一个前提,即"危机和无常是生活本身不可逃避的一面"。在我们日常性的生活中,往往有这样的偏见,即似乎健康、舒适、顺心的生活才是正常的,而那些疾病、无常和危机,似乎离我们很遥远。严格说来,本真的生活并非如此。无论健康还是疾病,都是我们正常生活的一部分,我们必须正视它。而且,"当我们与这个看来是令人失望的现实世界发生冲突时,我们无法控制也不能脱离现实社会,只能一边忍受无奈,一边自己思考和想象"。

在这里,道德不再是某种个人品性的象征(或光环),而是我们日常生活的一部分,甚是琐碎、细小,让人生厌。道德与我们的决断相关。具体说来,就是做什么与不做什么的问题。说到

---

* 原载《社会学家茶座》,2012 年第 2 辑。

① 克莱曼:《道德的重量:在无常和危机前》,方筱丽译,上海:上海译文出版社,2008 年。

此处，有两个问题值得注意。一种是某人做了什么坏事，但他并不觉得自己做错了，他可能为自己辩护说，当时的处境很危险。作者指出："在危险的时候必须做不道德的事才能生存，这只是借口。"一种是某人不曾做什么，并进而认为自己与某一种恶是无关的。海德格尔认为，这是对良知的泯灭。他在《存在与时间》一书中指出："确知〔gewiss〕自己不曾做什么，这根本不具有某种良知〔Gewissen〕现象的性质。相反，这种确知倒可能意味良知的遗忘，亦即出离了能被召唤的可能性。这种所谓'确知'以安定方式把原有良知这回事加以压制，亦即压制最本己的、常驻的罪责存在的领会。良知的'无愧'既非独立无依的又非另有根基的良知形式，也就是说，它根本就不是良知现象。"

在《道德的重量：在无常和危机前》一书中，作者对超越地方主义这一论点的反复强调，令人印象深刻。他指出："我们应当看到，道德生活是与伦理观念紧密相连的，这里伦理观念的意思是，我们要追求超越地方环境的、可以用来指导我们生活的价值观。""我们必须探索一种既高于地方共同体利益和立场，又能为地方共同体所接受的道德取向。""如果道德指导不能使个人（和集体）突破道德经验的本地方种族语言的局限，那么它会加剧危机。这是因为，当我们误以为至关重要的东西受到威胁时，本地方的道德经验会推崇暴力，动员非人道的反应对付这些威胁。"我们知道，讨论道德问题有一个学理上的难题，即文化相对主义。有些人类学家基于经验性的研究，指明在不同的共同体那里，人们持有的道德观念差异甚大；并且从某种意义上说，这些观念多多少少都有其道理。因此，如果有人想以某一种道德观念来衡量、评价其他族群的道德生活，从根本上来讲毫无道理。这一问题极为复杂，我在这里只能简单谈一点。首先要说明的是，我个人比较认同本书作者的观点，即我们必须探索一种超越地方环境的伦理观念或道德取向。在我看来，就是用哲学人类学的思路，来克服文化相对主义。而诸如后殖民主义对西方中心的批评，我认为要有一个区分。一种是认识论意义上的，另一种是伦理意义上的。从认识论的角度看，尽量用他者的眼光看待他者，从而获得更完整的信息，当然是必要的。但如果是从伦理的角度着眼，就不应持有所谓"地方的就是世界的"之类经不起推敲的观念；而应从哲学人类学的角度，检视所有的伦理观念（既有的和正在生成的）是否正当，进而探索一种符合人性本身的伦理观念。

　　道德生活需要想象力和激情。除了人，我们之所以很难想象某一种动物会过一种道德的生活，在我看来，一个主要的理由就是动物没有想象力。从这个角度讲，动物是没有生活的，而只是活命。因为完整意义上的生活是一种充满想象力的生活，当然更是一种道德的生活。关于激情与道德生活的关系，阿瑟·克莱曼指出："在驾驭人类经验的不平等竞争中，激情是绝对需要的，否则我们就会沉溺于自我安慰的幻觉，满足于机械的无意识的社会生活需求，最终导致道德颓废、意志消沉。怀疑的热情是对有道德的生活的追求，因为我们需要一个伦理志向引导道德经验，当怀疑点燃我们的激情，而激情引发我们的使命感时，伦理的询查和道德的行为就会被推动。"

　　无论是想象力，还是激情，在我看来，都是人性的一部分。而"精心创建有道德的生活，是我们人性的义务"，本书作者对此有精彩的论述："勇敢地直面生活中的失败和失意对我们维护自己的自尊固然很重要，对我们的环境和周围其他人也同样有重要意义。我们每个人都有道德上的义务，确保让其他人认识到，在这个世界日常产生的不正当和不公平中，也包括我们自己的行为的作用。我们应该对改变社会的不正当和不公平做点力所能及的事，这是我们的道德责任。""精心创建有道德的生活，是我们的人性义务。道德生活不是一部机器中的一个齿轮的机械反应，而是人类对自我认识的潜力的反映，也是对集体重建我们的本质和前途的潜在力量的反映。这是人类经验的伦理要求，当然不会轻松，也从来没有彻底完成过，总是卷入政治的和社会生活的种种限制，被我们自己生理的心理的激情打断。然而，最终人类将会建立道德生活应有的一切。"

# 纳斯鲍姆论人文教育*

这十多年来,我们时常能在我国的媒体上,看到有关"人文教育""博雅教育"或"通识教育"的讨论,一些相关的教育机构也组织实施了一些实验性的教育计划。我们也可以看到,关于教育问题的讨论,在我国这样一个传统上重视教育的国度,总是能够引发广泛的关注。事实上,关于教育的讨论是全球性的,我们所面临的许多教育难题,在西方国家同样存在。

美国当代最重要的古典学家和哲学家玛莎·纳斯鲍姆(Martha C. Nussbaum),除了在其专业领域出版多部论著,还充分运用古典学的思想资源,介入当代公共问题的讨论。关于教育问题,纳斯鲍姆著有《告别功利:人文教育忧思录》① (以下简称"《忧思录》",引用只注书名和页码)和《培养人性:从古典学角度为通识教育改革辩护》② (以下简称"《人性》",引用只注书名和页码)这两本书。在如下的讨论中,我们将较多地援引纳斯鲍姆的观点,来思考当下我们目前所面临的教育问题。

---

* 原载《中国研究生》,2015 年第 4 期。
① 纳斯鲍姆:《告别功利:人文教育忧思录》,肖聿译,北京:新华出版社,2010 年。
② 纳斯鲍姆:《培养人性:从古典学角度为通识教育改革辩护》,李艳译,上海:上海三联书店,2013 年。

一

正如其书名所示,纳斯鲍姆提倡要告别的"功利",首先是指对技术教育的过度强调。从正面的角度来看,在分工日益细化的现代社会,技术教育能在短时间内提供大量合格的技术工人,为经济增长做出贡献。事实上,也不仅是美国,许多发展中国家都在积极发展技术教育。当然,发展技术教育本身没有错,但纳斯鲍姆所批评的,是技术教育中广泛存在的功利主义:在最短的时间内学到最有用的技术,而漠视受教育者其他素质的培养。

极度功利的技术性教育,其带来的最大危害是人本身的工具化。康德关于人是目的而不是手段的论断,为现代社会奠定了人性基础。但是在功利主义主导的技术教育中间,人本身就是目的这一最根本的人性原则,在一定程度上遭到了漠视。人似乎不过是一件有用的工具,别无其他。于是乎,人之工具性存在,成为主导技术教育最根本的价值观。这样一种观念,其带来的后果极有可能是相当严重的。

在技术教育主导之地,我们如何看待他人?如果不能通过人文教育使每一个社会成员都认识到他人和我们自身一样,是一个个有灵魂、情感和欲望的自由个体,那么人之工具化将在所难免。人之间的关系是相互的,当我们将他人看作工具的时候,我们在他人眼中同样也就成了工具。一个由工具组成的社会,同情的价值也会得不到尊重,有的只是冷漠。而对他人作为自由个体的极度漠视,则有可能会瓦解一个社会。

功利的技术教育鼓励一种服从的文化,而将自由思考视为异端。在课程的设置和评价上,功利教育强调模式化和标准化,而不允许有多样的思考和个性展现。纳斯鲍姆指出:"追求经济增长的文化非常热衷标准化考试,而不易通过这种考试做出评估的

教学方法和教学内容则会遭到冷遇。"(《忧思录》,第 55 页)

将高度服从视为最大的美德,以这种价值观培养出来的"人才",在一个缺少自由竞争的社会,的确会因其善于服从而赢得更多的机会和好处。但如果我们抛开这一短视的功利目标,即可发现这样的"人才",其实不过是十足的庸才。而从社会的角度着眼,正如纳斯鲍姆在《印度的民主恐惧》一文中所指出的,"高超的技术加上绝对的服从"将对民主形成极大的破坏。关于这一点,只有我们想一想赫胥黎、奥维尔们的小说,即可获得不少想象性的认知。

纳斯鲍姆所倡导的人文教育,旨在视人为目的本身,强调独立思考的重要性。因此,她提倡一种苏格拉底式的教学法,即在辩论中学习。辩论式学习的一个基本特征,即它对口语表达的高度强调。与书面语的静止性和可能形成的僵化效应相比,口语是灵活的、即兴的,带有强烈的语境性。更重要的是,在口头辩论的形式背后,是对每个人作为自由个体之绝对价值的承认。在这样的对话之中,没有谁是绝对的权威;哪怕你引用孔子的话,也并不能保证你就是正确的化身。唯一重要的是每一论点本身的质量,而非你的身份和权势。在逻辑和理性面前,人人平等。

纳斯鲍姆说:"逻辑分析是民主政治文化的核心。"(《人性》,第 23 页)我也相信,只有在允许自由论辩的地方,民主的政治文化才可能得到良好的培育。而且也只有在理性得到认真对待的地方,弱势者的正义呼声才有可能得到尊重和聆听。

二

在对功利主义主导的技术教育进行批评的同时,纳斯鲍姆呼吁社会重视人文学科的重要性。在科尔盖特大学的毕业典礼上,纳斯鲍姆指出:"我们如果不坚持认定人文学科和艺术的至关重要性，它们就会离我们而去，因为它们不能赚钱。它们的作用远比赚钱宝贵，那就是：它们能造就一个值得人类在其中生活的世界；它们能使人们将其他人看做完整的人，有各自的思想和感情，应当受到尊重与同情；它们能造就这样一种国家，它能战胜恐惧和怀疑，以支持富于同情心的、讲理的辩论。"(《忧思录》，第170—171页)

从这里我们可以看到，人文学科对于造就一个有价值、有意义的生活世界起着至关重要的作用。而我们知道，现代世界的人类所面临的最严重的危机之一即人生意义的失落。人们不知道为什么活着，活着有什么意义。在一个价值虚无的世界里，人们比任何时候都更强烈地寻求着信仰。于是，一些极端的思想此起彼伏，给这个世界带来刺激和血腥。最近的一例，比如ISIS主导下的恐怖活动，竟吸引许多年轻人参加。在一个没有Sense（感觉/意义）的世界里，人们寻求刺激。另外，人文学科还能让我们对人性有更丰富、完整的理解，学会尊重和善待他人。而在一个人文学科招致贬低和污名化的社会，那里的自由状况一定极度糟糕；理性毫无力量，恐惧和怀疑主导一切。

纳斯鲍姆认为，在人文学科的教育中，文学艺术有其特定的意义和价值。因为文学艺术能激发人的想象力，并有助于培养一种批评性的思考习惯。而这两点，想象力和独立思考的能力和习惯，对于一个自由的人而言，具有根本性的意义。爱因斯坦说，想象力比知识更重要。这就是说，比单纯的接受更重要的是知识的创造，而想象力在创造性的活动当中，起着极为关键的作用。独立思考的能力和习惯，则只有在坚持独立思考的过程中逐渐培养起来。与接受技术性知识所强调的高度服从不同，文学艺术则要求接收者的积极思考和高度参与，也只有在独立的思考和参与之中，我们才能进入文学艺术的世界，让心灵在想象的世界中丰盈、成长。

但在现实生活中,艺术品似乎不过是奢侈品的代名词,或者是腐败环节中的一个基本道具。这里的原因是多方面的。从文学艺术本身的角度讲,这似乎源于人们对形式的过度强调,以致放弃了伦理上的批评性立场。针对种种倡导纯艺术的观点,纳斯鲍姆说:"经常有这样的主张:认为以'政治立场'来看待文学是不恰当的。然而,如果不拥护一种枯燥乏味的极端美学形式主义,很难证明这种主张有道理。西方美学传统在其历史中始终高度关注个体和社会。在当代'文化战争'中,维护该传统的做法应该得到我们的支持。"(《人性》,第74页)这就意味着,文学艺术在面对许多令当代人困惑的难题时,有独立发声的权利。而那种无关世界或伦理的文学艺术,其价值则必然有限。

纳斯鲍姆高度强调人文学科的重要性,但她对流行的后现代主义思潮则多有批评。她认为根本的原因在于,今日学术界一个危险的趋势是放弃对真理和客观性的追求。在一种相对主义的思想氛围中,人文辩论缺乏最基本的严谨态度,结果使大学的文学课堂变成了不折不扣的夸夸其谈。针对这一现状,纳斯鲍姆建议:"我们应该在关于相对主义的文学讨论中更严格地进行哲学要求,否则有可能会流于肤浅和琐碎。"(《人性》,第94页)

纳斯鲍姆认为,在后现代主义的思想旗帜下,唯一重要的思想家是福柯。对于大名鼎鼎的德里达,她则报以极大的不屑:"如果某人一直在钻研奎因、普特南和戴维森,那么德里达关于真理的思想就不值得学习。"(《人性》,第27页)纳斯鲍姆还认为,在哲学之外的人文领域,德里达等人之所以影响巨大,部分原因在于他们的作品与专业的哲学著作相比较,似乎显得比较容易接近。而这一巨大影响所造成的后果却使学生们远离了逻辑。

奥斯威辛集中营的幸存者、意大利著名作家普里莫·莱维在接受记者采访时,也曾对西方世界的教育状况表示了极大的担忧:"从事教学工作的人都是些参加过1968年动乱的四十来岁的男男女女。他们中的大多数根本不知读书为何物，也不具备一技之长。一个从不学习的人怎能教书育人呢？他们整日热衷于激进主义、冒险、争执、政治，等等，把文化拒之门外。"

三

维特根斯坦说，一个缺乏传统的人想要一个传统，正如一个悲伤的人去恋爱一样。正所谓缺什么补什么。事实上，在今天人类所生活的现代世界里，许多传统的习俗和生活方式，的确成了过去式。在这样一个传统稀薄的社会里，如何对待传统，是一个严肃而重大的问题。一种简单的思路，即像一个悲伤的人饥不择食地投入到一段新的恋爱之中以寻求安慰一样，缺乏传统的人急切地投入传统的怀抱，在想象中得到些许温暖和安慰。但乡愁虽美，却不真实。

在纳斯鲍姆看来，基于个人身份认同的文化民族主义，并不具有天然的正当性，她指出："我们的出生之地只是偶然之事，任何人都有可能在任何国度出生。我们如果意识到这一点，就不应该让国籍、阶层、民族或是性别等方面的差异成为我们人类同胞之间的障碍。我们都应该对人性予以承认——包括其基本内容、理性和道德能力——无论出现在何地，而首先效忠于人性的社会。"（《人性》，第45页）纳斯鲍姆强调，在某些时候，我们需要放弃过分强调特殊性的情感和身份认同，而对普遍的人性给予更多的尊重。

但这并不意味着我们在强调人类所具有的共通性的时候，应当忽视彼此间的差异性。与此相反，充分认识到个体、民族间的诸种差异性，是我们相互尊重的基本前提。没有对他者的充分认识和了解，所谓的尊重就是空洞的，甚至是不可能的。尽管如此，纳斯鲍姆对于当今学术界流行的"多元文化主义"仍持一种批评性的态度。她认为这一"主义"走到了极端，成了一种"反人文"的观点，即在夸大文化间差异的同时，否认了人类成员之间进行交流的可能性。这事实上绝不是对他者的尊重，而是另一种傲慢。

在我们的日常语言中，"个人主义"在不少时候都被视为"自私自利"的同义词而遭到贬斥，但纳斯鲍姆认为，如果我们承认一个人的死在逻辑上并不等同于另一个人就要死，或者承认每个人都有追求自身幸福的权利和责任，那么"个人主义"就不仅是人类环境中一个显而易见的事实，而且也是东西方许多道德传统所应许的。从这个角度看，那种吹嘘传统文化如何高明而漠视个人价值的做法，事实上本身就是很不传统的。

关于人文教育，纳斯鲍姆既批评激进主义，也不赞同布鲁姆等保守派的观点。因为在她看来："在文化保守派口中，今天的人文科系不过是赶时髦，没有实际内容，受一帮激进精英分子的掌控——他们同时呼吁回归到更传统的文科课程——这实际上使人文学科受到普遍轻视，导致相关科系和课程被缩减，而狭隘的职前教育有所增加。"（《人性》，第288页）简而言之，一种关于传统的浪漫主义观点，对于解决我们当下的教育危机，不仅起不到什么好的作用，反而有可能加剧这种危机。

 # 读《诗性正义：文学想象与公共生活》

中国当代文学在当代中国的公共生活中，曾经扮演过激动人心的角色。一些人习惯不假思索地说，20世纪80年代是一个文学的年代。表面上看，这一点都没错。在那个时代，无论什么专业或职业，人们对文学的关心热烈而近乎疯狂。只要是跟文学沾点边的，不管是作家，还是评论家，在他的生活世界中，无不受人关注，享受很高的待遇。不少人说，中国历来是一个文学的国度，出现这种情况，其实不难理解。我认为有这个因素，但不全是。在我看来，所谓文学产生轰动效应的时代，换一种说法，就是文学与公共生活密切相关的时代。在那个时代，作家凭借他对整个社会的直感以文学作品的形式，关注问题，表达思想。这种思想，有可能是粗糙而浅薄的，但它始终与公共生活相连，绝不是某种自慰式的深刻。从另一个角度看，谴责当时的作家肤浅容易，但认真想想，当时的读者又有几个深刻的？

时至今日，文学作品的娱乐功能，在很大程度上被影视剧替代；文学作品的"思想"成分也越来越稀薄：人们更愿意在经济学、法学、社会学著作中寻找自己所关心的问题的答案，而不是去读文学作品。这在一定程度上有其合理性。但一些中国当代作

---

* 原载《文景》，2012年第6期。

家能力不足,也要对此负部分责任。因为在公共问题的关注上,无论其他学科提供了怎样精细的描述和解释,作家自身的不足和局限也会影响读者。事实上,对普通读者而言,最容易进入阅读状态的,还是文学作品。换句话说,那些真正优秀的作家,即使在这个文学严重边缘化的时代,仍然产生了重要影响。

中国当代文学的现状,使文学在中国当代知识界,成为一个"弃儿",而在普通读者那里更是如此。但有必要指明的是,这种情况的出现,是一个世界性的现象,不独中国如此。美国哲学家纳斯鲍姆指出:"我们至今已经习惯了把文学看成是可有可无的:文学被看作寄身于一个次要的和没有竞争力的大学院系,即使被认为伟大、有价值、具有娱乐性、精彩卓越,也仍然被看作是远离政治、经济以及法律思想的事物。"这种想法,在坚持纯文学标准的人眼中是理所当然的。认真想想,纯文学观念的产生,是相当晚近的事。古典时代,诗与政治的关系问题,一直是一项相当重要的思想议题。古希腊如此,中国先秦时期同样。在纳斯鲍姆那里,远离公共生活的纯粹文学,显然是她所不愿看到的。因为在她看来,文学想象在公共生活中间,理应占有一定地位。但她同时亦指出,要阐明并说服别人相信这一点,意味着格外的困难:"在公共领域中推崇文学是困难的,因为许多人会认为,当文学涉及个人生活和私人想象行为时具有启发性,但是当文学涉及更大的关于阶级和民族/国家的争论时,他们会认为文学是无聊的,没有帮助的。他们认为我们需要一种更值得信赖的科学,需要一种更超然、更坚定的理性。"

支配现代社会的重要法则,是功利主义。在纳斯鲍姆的分析中,她将功利主义简化为成本—收益分析。这一原则不仅在市场、行政领域占据支配地位,而且侵蚀着私人生活。在这一分析中,人在情感生活中所渴求的意义感消失殆尽。人之尊严,其内在的情感复杂性,没有得到尊重。纳斯鲍姆的这一分析,和哈贝马斯(Habermas)的思路有接近的地方。在哈贝马斯关于社会本体论的分析中,他认为现代社会由两种社会存在组成,生活世界和系统。建基于生活世界之上的交往行为处于根本性的地位。生活世界是一个具有丰富意义感和自由感的世界。而系统的主要成分,则无非是市场和行政,这二者是必要的,但系统的过分扩张,造成了生活世界的殖民化(colonisation of the lifeworld)。对此,纳斯鲍姆亦有不满,她认为,由于经济学思想决心只观察那些能够进入实用主义计算的东西,因此它是盲目的:它对可观察世界的质的丰富性视而不见;对人们的独立性,对他们的内心深处,他们的希望、爱和恐惧视而不见;对人类生活是怎么样的和如何赋予人类生活以人类意义视而不见。

正是基于对现代社会中计算性思维的不满,纳斯鲍姆通过对狄更斯小说《艰难时世》的细致分析,指出通过阅读文学,尤其是小说,读者可获得一种重要的想象能力,而这对公共生活具有相当重要的作用。读者在文学想象之中,能更为深切地体察人之丰富性,而不是将其简化为经济动物。纳斯鲍姆指出:小说与其他叙述文学体裁的一些共同特征:它信奉每个人的独立性,信奉从质到量的不可简化性;它感知到发生在世界上每个人身上的事情都非常重要;它信奉不以外部孤立的视角去看待生命中的事情,就像是看待蚂蚁和机器零件的活动,而是以内在的视角,带着人们赋予自身的多种意义去看待它们。比起其他的叙述体裁,小说甚至更信奉内心世界的丰富性,信奉在具体的文本中体验一个生命所有的历程的道德相关性。从这个意义上说,比起其他体裁,它甚至更深刻地反对经济学简化地看待世界的方式,更专注于质性差别。对人之丰富性的充分认识,有助于产生另一种对公共生活非常重要的情感体验,即同情。纳斯鲍姆甚至认为,这种深切的同情心,在法律审理过程中,具有相当大的价值。因为,它有助于法官设身处地地考虑不同的伦理处境,从而更好地理解整个案件的真相。还有，通过阅读小说，读者可获得一种道德想象力。这一能力，是对我们追求更好生活的一种指引；或者说，必要的道德想象力，是过一种美好生活之必需。

爱与正义[*]

在相当多的人看来，爱是自然的：爱从爱者的心底涌现，如清泉出山涧。这合乎日常生活之理。任何一个人只要来到这烟尘弥漫的尘世，他的出生和成长，必定坐落于世界的某一点上。在这一点上，安放着家庭、社区或更大一点的社群。人一出生，就在亲人之爱中成长。依乎血缘的爱再自然不过。家庭之外，还有邻人；因此在血缘之外，有依乎地缘的爱。这两种共同体内部成员之间的爱，因为有着共同的生活形式，由此显得具体而热烈，丰厚而饱满。这里的爱一点都不空洞，爱者所爱，是一个个具体的人，以及与爱人相关联的具体物件。一般说来，在那个时候，"人类"的概念尚未得以发明。人们区分人或非人的标准，主要看对方是否为共同体内部成员。为讨论问题的方便，我暂时将这种共同体内部成员之间的爱，称为特殊之爱。

共同体有大有小，但一般而言，不可能太大。因为一个共同体如果太大，那种基于亲近感的纽带关系，将无法得以有效维持。到这个时候，共同体将发生分裂，组建成一些新的共同体。而自近代以来，随着技术的发展，越来越多的人，有机会离开自己的出生地到遥远而陌生的地方去。在人们扩大足迹的同时，与此相伴随的是现代观念的出现。要说明的是，所谓行动在先还是

---

[*] 原载《社会学家茶座》，2012年第4辑。

观念在先的问题，在这里并不重要。因为两者是交织在一起的。我甚至认为，这一问题本身就有问题，因为几乎没有真正解决的可能。

现代观念中对人的看法，大致说来，是将每个人都当作自由的个体来看待，而绝非仅仅是某一共同体的成员。自由的个体在逻辑上的先在地位，意味着个体的人拥有关于自身的绝对主权，这就导出了现代伦理学中的铁律：人是目的，而非手段。以这种眼光去看我们前面提及的特殊之爱，即可发现，在那种爱之中，包含着诸多不合理的因素。比如，因为没有将个人视为自由的个体，即使是最为自然的亲情之爱，在许多时候，也往往是以爱的名义施加伤害。为人父母，粗暴干涉子女的情感生活，即是一例。人是自由的个体，这里的自由，并非某些人或某类人的自由。因为自由本身具有内在价值，因此其是普遍可分享的。自由的普遍可分享性，可导出这一思想，即在自由的个体之间存在着普遍意义上的爱。我暂时将其称为普遍之爱。法国大革命精神遗产之一的"博爱"，与此庶几近之。

在如上的简单述说中，我大致提及两个概念：特殊之爱与普遍之爱。从某种意义上看，两者是对立的，但在我看来，这种对立并非绝对。首先要说明，认真考察这两个概念的关系，并非本文所能胜任，因此以下的说明只是简单的分析。特殊之爱的坚持者可能批评说：你那种所谓的普遍之爱，其实是相当空洞的；普遍之爱就是抽象的爱，没任何内容，因此毫无意义和价值。你想想看，不从一个个具体的人开始，爱何以可能？这种看法相当有道理。但普遍之爱坚持者的反击，也并非胡搅蛮缠：你所谓的特殊之爱，根本不是人类之爱，而是动物意义上的爱。因为基于血缘、地缘意义上的爱，不也同样存在于动物中间吗？再进一步，就算承认是人类之爱，特殊之爱也是一种无原则的爱。这种无原则的爱，在私人领域，是以爱的名义，剥夺被爱者的尊严；而在公共领域,则很有可能导致腐败。再说法国大革命,在实践层面,确有许多值得反思的地方;但并不能因此认为,其所倡导的观念就完全是错误的。在观念与实践之间,有着相当大的差距,这一点不可不察。面对这一冲突,如何解决上述两方的"批评"就是一个问题。

我之所以认为,特殊之爱与普遍之爱之间,并非绝对对立的关系,是基于如下考虑。因为对一个活生生的现代人而言,在其真实的生存境遇中,特殊之爱与普遍之爱,其实是纠缠在一起的。而且,这两种爱在现实生活中,是以不同的面貌呈现出来的。具体的爱是亲密而丰厚的,这在人们生活的小世界中实现;但这表面看来是特殊的爱,却同时与普遍之爱相勾连。比如,我们不能因为爱一个人,而将其杀掉——尽管可能在有些人看来,在某些时候杀掉一个人,是爱一个人的最好方式(这里暂不讨论安乐死的情况)。或曰,我因为爱你,就有权利主宰你生活的全部,从身体到灵魂。这也是讲不通的。由此看来,施予特殊对象的爱,无论如何浓烈,都不能以违反普遍之爱为前提。当然,从个人生活的角度看,对某一特殊对象的爱,尽管必定要以遵循某些基本原则为前提,仍是值得积极追求的。因为它构成了我们幸福生活的核心内容。而如果说施予特殊对象的爱是丰厚的,那么与之相比较,普遍之爱则是一种比较浅薄的爱。普遍之爱在更多时候是防御性或曰规范性的:它在观念的层面上论证并提出,一个人在任何情况下,都应享有基本自由、平等和尊严的权利。从这个角度讲,一个人对普遍之爱的坚持,并不表明他只爱抽象的观念。与此相反,因为他对爱本身持有深刻的理解,因此当他在爱一个特殊对象的时候,可能爱得更为深切。如上简单的讨论,如果是从外部关系看,我们可以这样表述,即我们在生活在一个政治社会中的同时,亦生活在各自的伦理共同体中。只是现代意义上的伦理共同体,具有相对的开放性,在一定意义上,人们可以选择自由退出。

　　下面进入对爱情问题的讨论。现代意义上的爱情观念，究其实质是一种普遍主义之爱。这一论点好像有点危言耸听，且允许我稍作分析。当我说爱情是一种普遍主义之爱时，我着重强调的是：现代爱情的基本承诺，是以认定相爱者是自由、平等的个体为前提；没有这一承诺，就构不成真正意义上的爱情。由此观点出发，在我看来，在古典时代其实并无所谓爱情。男欢女爱，交媾繁殖，从人类诞生的那一刻起，就是一个基本的事实。但我们并不能因此就说，人从来都是为爱情而活的。这不符合事实，因为人历来只是为生存而战。即使在现代社会也是如此。进一步说，现代意义上的爱情观念，其实并不承诺一定要性交和婚姻。从这个角度看，人们把基于生存理由的性交或婚姻涂抹上爱情的色彩时，在很多情况下，是打肿脸充胖子。这里再说一点，即爱情是一种普遍主义之爱，但普遍主义之爱并不都是爱情。爱情有其特质。

　　接着上面的话头，或许我们可以问：如果说爱情并不是人之生存的基本要求，为什么还要爱？爱真的有那么重要吗？爱情并不承诺性交或婚姻，这就意味着爱情有可能是一个巨大的骗局。爱情并不必定承诺幸福的世俗生活，是否意味着：爱情仅仅是一个理念，并不存在于现实的世界中？在下面的分析中，我将尝试回答这些问题。

　　相当多的人认为，爱极为重要，甚至是最重要的。我大致同意。作为实现爱的一种形式，爱情也重要，但并非唯一重要。但为什么重要呢？我比较能接受的一种回答，是说作为单个的人，是残缺不全的。这里的残缺，并非说缺胳膊少腿，更不是说只有当某个人处于某种关系之中时，他才有可能是完整的。因为前面大致说过，人作为自由的个体，无论在形式上，还是在生物学意义上，都是完整的。问题在于，如何理解这里的残缺性？在这一点上,有诸多的解释,有一种解释认为,人在到达这个世界之前,他和一个或若干个他者,构成一个完整的整体。而现在呢,他单个地生活在尘世中,孤单而寂寞。他生来就是残缺的。这种解释,在部分人那里有效,而在另外一些人眼中则完全是神话,毫无理由相信它。在我看来,我们可以换一个词,将残缺性理解为有限性,再加上一点经验世界中的类比,比如说作为个体的人,他再喜欢吃,也不可能一天二十四小时都吃,因为身体有限制。这是有限性之一。如此推而广之,人人都生活在有限性中,大致也说得过去。但人之为人,是他并不甘于生活在这残缺的世界中。爱是对这种残缺性或有限性的克服或超越。但在现实的世界中,这种克服或超越很难实现,但人并不因此而失掉对完整性的渴求。爱是恒久忍耐说的就是这个。爱也是挣扎,在挣扎之中,爱方能显示出它的重量和颜色。

　　爱情在某种意义上关乎理想,但它并不只存在于理念的世界之中。因为它也关乎身体。这就是说,爱情一方面在云端漫步,一方面又在地面徐行。爱情的理想化色彩,往往激发出持久的激情。这种激情,因为根植于生命,因此并不因为日常性的损耗,而有所衰减。这种激情有可能是极为内在的,但有时也洋溢于外。激情长存,万象更新。这里的激情,在两个极端之间:一个是狂热,一个是麻木。由此,我们可以说,一个极端狂热的人,其实已不是在爱,而是在发疯,或者是佯狂。而在另一个极端,一个极端麻木的人,因为成功地将自己变成了一块石头,因此也不可能是在爱。我们说爱情关乎身体,在更多的意义上,其实是说爱情关乎感觉。感觉离不开感官,感官长在身体上。爱情可能发生的基本前提是有感觉。一点感觉没有,木偶对木偶,当然无所谓爱。这里的感觉在很大程度上,跟身体连着,是有肉体层面的,亦包括所谓好的气质等加分项在内。但光有感觉不行,得感觉好才行。怎么样才知道感觉好不好呢,只有感觉了才知道。在日常生活语言中，人们往往会劝准备恋爱的两个人，说先接触接触。这里的"接触接触"就跟感觉有关，当然主要是指触觉。在这个时候，皮肤好不好，就是一项重要指标。视觉特别重要，凝视是一种基本的爱的语言。美或者漂亮，在这个意义上，具有绝对重要的地位。但这里的美或漂亮，尚不过一般意义上的泛泛而谈。在具体的生活境遇中，视觉意义上的"醒目"很重要。比如，美人痣就是一个典型的例子。在很多情况下，所谓的"醒目"，只是对当事人而言的。因为在外人看来，很多时候当事人所津津乐道的"美"，其实都不足以为奇。一个特定的人，对某个特定的人形成诱惑，这才是至关重要的。还有比如嗅觉，一般也很重要，假如一方有狐臭，必定严重影响爱的进展。人有多种感觉，在一定的程度上，都与爱相关，在此不再做细致的分析。有兴趣的读者，可尝试分析听觉、味觉与爱情的关系。总的说来，现代人的爱情，与故事有很大的关联。人们在故事中学会爱，亦倾向于将自身的生活讲述成一个有头有尾、高潮迭起的故事。这一点不可不察，童话最为典型。关于爱情，还有一个问题要澄清。因为在日常生活中，有相当多的人将成功实现性交作为爱实现的标志。因此在他们的眼中，爱的实现，就是性交的结束。这种对爱的理解，将爱视为一项任务，比如说工程，他们认为工程完工之时，即是庆功之日，这种理解方式本身就是完全错误的。克尔凯郭尔论信仰时说，信仰不是一劳永逸的事，而是反复地进入。在这方面，爱与信仰之间有极大的相似性。爱不是某项任务的完成，也不是某种状态的保持，而是永久的渴慕和追求，爱是永不止息。

　　在上述关于爱情的论说中，我们说爱关乎理想，关乎激情，关乎感觉，关乎永久的渴慕和追求。这样说来，好像是在说，爱情是非理性的。因为以上的语词在我们今天日常的言谈中，更多带有非理性色彩。但在我看来，爱的实质恰恰是理性的。布鲁姆说，爱与友爱"赞同理性，但不工于算计"。可谓一语点破玄机。这里的问题，涉及对"理性"这一概念的理解。事实上在我看来，人们今天对理性的理解，在很多时候其实是等同于算计的。这里的算计，并不带有道德上的批评，而只是一个中性概念。要算计，要对事物进行评估，在很多时候，涉及数学语言或曰量化。但爱不可量化，很难算计，因此有人就说爱是非理性的。经这一简单的分析，我们即已清楚，我们现在对理性这一概念的理解，至少是不够准确的。因为理性并不意味着与感性绝缘，而在最初的本性上，它们是连在一起的。

总体而言，从以上的论述可知，我们在不同程度上已大致表明：我们这里所谓的爱，是与自由、平等、理性等现代价值观念连在一起的。即使在爱情中，在对一特殊对象的爱慕与渴求中，也隐约彰显着这些观念和价值。无论如何，我们都难以想象，在强势的主人和美丽的奴隶之间，有真正意义上的爱情。在本文的结尾处，我大致讨论一下爱与正义的关系，以与本文的总论题呼应。布鲁姆说，爱超乎正义，因为爱无需契约，也不分你我。在这里，为方便讨论，我提出政治正义和普遍正义的区分。有必要说明的是，这里的区分是暂时的。在我看来，爱确乎超乎政治正义，因为正如布鲁姆所言，爱无需契约。因为爱是自由的，即爱的实现，就是自由的临在。

 **理想主义的黄昏**[*]

相信任何一个初读理论著作的人,在不同程度上都有这样的感受,即理论著作的每一个字,几乎都是认识的,但在根本的意义上,完全不知道作者在说什么。这既让人困惑,更让人着急。困惑之处在于,这种表面熟悉但实质上却完全陌生的效果,到底是什么原因造成的?语言的这种运用,是达致一个思想世界的必要手段,抑或完全是一种误用或故作高深?细想这些问题,需要更多的时间。当阅读者焦躁地面对一个理论文本时,他更多的是着急。一个跑去读理论的人,无论最终是否读得懂,在他准备读之前,一定会是受到了某种激励或刺激;在通常情况下,还有一种近乎挑战自我的心情,想在与理论家的思想辩难中,进一步提升自我,增强思想的战斗力。但一读理论,他就遭到极大的挫败,一下子掉进沮丧的迷雾中。

一个想读点儿理论,但又不得其门而入的人,在一种着急的情绪中不安地搓手。他一方面感到读理论是有必要的,但在初次"交手"后,他对自己是否有能力真正读懂理论又心存疑惑。但与此同时,他对理论本身是否有用,多多少少也有怀疑。少数人在疑惑与焦虑中,继续"啃"读理论,有时需要加点儿营养,有时又消化不良。更多的人放弃阅读,一面在心中自我悔恨,一面在口头上批判理论无用。

<small>* 原载《读书》,2013 年第 5 期。</small>

理论的这种品性，从某种意义上说，是语言使用的效果。理论中语词的使用，有别于日常语言，但两者之间并不完全割裂。一些关键的术语由此具有双重性。正如泽诺·万德勒（Zeno Vendler）在《哲学中的语言学》一书中所指出的："哲学话语中的一些关键术语过着双重生活，在理论上这一点众所周知。可是在实际讨论问题的时候却常常得不到充分的认识。我们在日常交际中理解这些语词，使用这些语词，于是它们出现在哲学家的著作中时，我们也认为自己理解它们，事实却是：从上下文说，甚至从语法上说，这些语词在日常交际中和在哲学著作中的用法都有所不同。这当然意味着我们实际上处理的不止一个概念：在自然环境中碰到这样一个语词我们能理解它，这一点本身并不确保把它移植到哲学原地之后我们也能理解它。因此，我们必须从哲学文本自身出发把它（或它们）作为新的概念重新来学习。"

阅读理论著作是一个重新学习的过程。这种学习的难度在于我们不仅要学习理论表述的具体内容，而且要学习关键语词在理论中的使用方式。这种学习之所以有意义，就在于理论从根本上，对我们生活的这个世界说了点什么。理论从根本上对世界有所说，在语言的层面上，表现为一些关键的词语，在理论表述和日常语用中，尽管有相当大的不同，但仍存在一种内在的联系。从这个角度看，将理论视为一种纯粹的思维游戏，不尽准确。因为游戏的本性在于遵循一套规则，除此之外，游戏无需关涉太多。但理论不然，理论固然在最基本的层面上要做到我们常说的"自圆其说"；但光是做到这一点，理论尚不成其为理论。理论关涉世界。

无论在学术论文中，还是在日常生活中，总能听到各种各样的"主义"。其中有些主义，是标准的理论主张，但在更多的情况下，主义是披着理论外衣的意识形态。现代人在某种意义上，是意识形态化了的动物。

不过，如果从语言的角度出发，在种种主义之中，亦可发现理论关乎世界的实例。关于理想主义，爱德华·克雷格（Edward Craig）在《哲学的思与惑》一书中写道："物质主义始终关注的是物质产品，不是内心、精神或智力产品，而理想主义者并不是指那些总是关注精神却并不关注物质的人，它是指那些坚持自己理想的人。理想，从根本上来说，是有关心灵的事，因为理想是对现实生活中实际上无法拥有的一些境况的希望。但是如果生活状况允许，我们通过努力可以尽力实现这些希望。理想的这种精神属性将 idealism 一词日常使用的意义与作为哲学术语使用的意义联系了起来。"这里有必要提一句，idealism 一词在相当长的时间内，中文译文为"唯心主义"或"唯心论"，不过现有不少学者主张，将其翻译为"观念论"更妥当。

哲学上的观念论，与作为一种日常伦理的理想主义有其内在的关联。不过，在这篇小文下面的部分，我将更多讨论理想主义与大学的关系。大学是研究高深学问的地方，这里的"高"和"深"带有强烈的隐喻色彩。其实所谓高深学问，不过是说，跟一般的经验知识相比，大学中的人所研究的学问，带有更大的普遍性。这也就解释了，为什么只有在大学中，读理论才成为一种必需。理论有种种不同的观点或主张，但在追求普遍性这一点上相当一致。在学术的层面上，大学研究普遍性的学问，在日常生活的意义上，大学培育理想主义。如此说来，理想意义上的大学，是追求真理的地方，是理想主义者的乐园。

不过，理想之所以是理想，就在于和现实生活有所不同。理想是规范性的，而非事实描述。讨论理想主义与大学的问题，有不同的进路。我下面的讨论，是凭借对伊莱恩·肖瓦尔特（Elaine Showalter）《学院大厦：学界小说及其不满》一书的评论而展开。这样做有充分的理由。文学在根本的意义上，是关乎理想的。比如在具体的小说创作中，作家总是通过对"这一个"

人或世界的想象性"刻画",力求达致普遍的人性。以文学的眼光观照大学和大学中人,由此来讨论理想主义的问题,再恰切不过。

伊莱恩·肖瓦尔特指出,学界小说的兴起与蓬勃发展,大约始于20世纪50年代,当时美国大学处于急剧扩张阶段,先是吸收退休人员返聘,然后又录用了越来越多的婴儿潮时期出生的人。出现这种情况跟美英高等教育的实质也有着很大的关系。美国大学的急剧扩张,发生在20世纪50年代,而在50年之后,中国出现了类似的情况。因此从大学着眼,讨论理想主义的问题,就带有相当的普遍性。

小说作为一种迟到的社会评论,带有一定的滞后性。因此,20世纪50年代的学界小说,实际上写的是50年代10年之前的大学。在那个时代,尽管已有尖锐的讽刺声音出现,但大学作为一个象牙塔的隐喻,仍闪耀着其往日的光芒。教授们生活在封闭的大学校园里,追求着他们自以为是真理的东西,非常精英主义。但在此之后,大学的光芒逐渐暗淡,伊莱恩·肖瓦尔特认为到了20世纪90年代,直至世纪末,找工作要凭运气、政治正确、文化战争,为争夺终身教职而发生的种种悲剧,都成了学界小说中耳熟能详的话题,把理想主义的最后一点痕迹给抹去了。

在伊莱恩·肖瓦尔特笔下,理想的大学是一个纯粹的乌托邦:"一群献身于文学、文化、学术和教学的人可以形成一个友谊、慈爱和相互支持的乌托邦社会,这是他们的梦想。"但实质上,大学因为缺少足够的流动性,不过是一个村落。在这个村落里,失败的纪录时时刺激着一颗颗敏感而脆弱的心。伊莱恩·肖瓦尔特分析道:"在一个封闭的社会里,失败永远不会被人遗忘;过去的争吵、过去的竞争依然令人痛苦地历历在目。失败和损失,如果不为人知晓、哪怕至少不为你所相识的人知道,也就不会这样痛苦了;然而在学院范围内,它们给放大和加强了。""学术生活的极大讽刺就在于,虽然别人也许并不会注意到败者如何优雅地或是刻薄地扮演了自己的角色,但是对于失败者而言,失败的记录会始终困扰着他,让他每时每刻都意识到它的存在。"

大学作为一个理想主义者的堡垒,的确已经是过去式。但如何看待这一事件则是另一个问题。理想主义的失落,让不少人伤感,并在一种沮丧的情绪中发出他们绝望的抗议。索尔·贝娄笔下的政治哲学家艾伦·布鲁姆(Alan Bloom),就是其中的一个。不过在伊莱恩·肖瓦尔特看来,理想主义的衰落,并不一定都是坏事,因为当代多元主义文化具有更多的包容性。她就此评论说:"拉维尔斯坦〔指艾伦·布鲁姆——引者注〕体现了他受益匪浅的包容性与他所教导的保守的排他性之间的矛盾冲突。就我个人而言,我情愿在雅典娜、埃菲尔德、半山腰上的大学(College-on-the-Hill)、沃特茅斯、卢米奇、尤弗里亚,或其他任何一个由这些讽刺家所想象出来的校园里做教师,以政治正确的思想意识形态进行争论,对同事们的愚蠢报之以大笑,对学生的错误呻吟不满,而不愿意跟齐克〔指索尔·贝娄——引者注〕和拉维尔斯坦讨论柏拉图(Plato)和黑格尔(Hegel)。"

所有的乌托邦最终都不免流于乏味。确实如此。不过,我想问的是:物质主义是否也是一个乌托邦呢?因为在日常生活的层面上,物质主义在带来巨量快乐的同时,不也让生活趋于乏味吗?

# 美与艺术：演化的而非形而上学的[*]

关于美学或艺术哲学的研究对象，人们有种种不同的理解，但无论如何理解这个问题，"美"和"艺术"这两个概念似乎都是绕不开的。事实上，以往的美学研究，有相当多的内容都是围绕这两个概念而展开的。由此，如果我们今天要讨论美学的问题，恐怕仍然难以绕开这两个概念。

人们往往在不同的理论预设或概念框架中追问或讨论美与艺术的问题。在西方传统中，哲人们追问美与艺术的本质，力图在流变的、多样的现象之中把握不变的一。这样一种形而上的追问，在传统的美学研究中占据主导性的地位。哲人们提出各自的理论或学说，努力与他人争论或辩驳，种种讨论加深了我们对美与艺术的理解，但始终无法像自然科学那样形成统一的、普遍有效的理论。直到今天仍是如此。

到了18世纪中叶，我们今天所普遍认为的作为独立学科出现的美学，仍被认为是认识论的一部分，以研究感性认识的完善，与研究理性认识的逻辑学相对。作为认识论的美学，可被视为整体科学事业的一部分。认识论的基础是主客二分，事实上，也只有摆脱了那种日常的万物皆着"我"之色彩的感知方式，科学认

---

* 原载《中国研究生》，2018年第7期。

识才是可能的。在认识论的框架内,人们对美与艺术尤其是美的本质问题有很多争论,这一点鲜明地体现在中国20世纪50年代的美学大讨论中。

英国哲学家达米特认为,传统西方哲学的核心内容是形而上学,到了17世纪,西方哲学经历了一次大的转向,即从形而上学到认识论。这是一个被广泛引用的评论。从以上的简单讨论中,我们也可看到在西方传统中,作为哲学分支的美学,亦分别在形而上学和认识论的框架内被讨论。

到了20世纪,达米特认为,西方哲学经历了又一次大的转向,即语言的转向。语言哲学由此被一些人视为第一哲学。在语言哲学的框架内,"美"与"艺术"的概念得到了相当多的讨论。一些人尤其是维特根斯坦派的哲学家认为,"美"与"艺术"的概念是无法定义的,由此,任何试图寻求"美"与"艺术"本质的做法,都不过是徒劳。照维特根斯坦的意思,哲学家们所能做的,是将"美"与"艺术"这样的大概念,从其形而上学的用法中"解放"出来,使其回到它们本来的、日常的、复杂多样的用法之中。在这个意义上,哲学只是治疗性的,它不建构任何美学或艺术理论。

维特根斯坦的观点颇具冲击力,但他对哲学之任务的规定,却不一定能被所有人接受。事实上,维特根斯坦的这一观点,建立在他对哲学与科学之关系的理解上。维特根斯坦认为,哲学既不等同于科学,也不是科学的一部分。科学建构理论,哲学则不然。在这样的理解中,科学是积极有为的,而哲学则不免消极。人们认为,维特根斯坦对哲学或美学的消极理解,存在一种极大的危险性,即有可能会取消哲学或美学存在的合法性。这样的担心并非毫无道理。

学者们试图在更积极的意义上从事美学研究,并对此提出了种种"纲领"或方案。但对于这样一些"纲领"或方案,人们尽管争论颇多,却始终缺乏统一的标准和判据。因此,也就不可能取得任何实质性的进展。笔者认为,如果真要考虑美学作为一门学科的前途,我们必须要回答这样一个问题,即美学与科学之间究竟是一个什么样的关系?

形而上学力图在多之中寻求一、在变化之中寻找不变的东西,这样一种思考问题的方式,在某种程度上与科学有其一致性。形而上学孕育了近代科学。认识论是对近代自然科学的哲学解释。在这个意义上,无论是在形而上学还是在认识论的框架内,美学与科学的关系都相当密切。甚至可以说,在西方传统中,人们一直在试图用广义科学的方式来解决美学问题,尽管事实证明这非常困难。哲学的语言转向,在某种程度上使哲学与科学分离了。这在后期维特根斯坦那里表现得非常清楚。但是,对于后期维特根斯坦的观点,罗素、奎因等哲学家并不接受。

基于以上简单回顾,笔者认为美学研究的前途之一在于与科学结盟。接着的问题就是:如何理解这里的"科学"?在古希腊,科学是与形而上学混杂在一起的,并不具有独立的学科地位。近代认识论的科学"基础",是以数理科学尤其是物理学为范型的。美学研究的历史表明,建基于形而上学或认识论的种种美学理论,都存在这样那样的问题,而且传统美学到了今天,似乎已没有太大的发展空间。在这样一种境况中,美国学者安简·查特吉(Anjan Chatterjee)在《审美的脑:从演化角度阐释人类对美与艺术的追求》[①](以下凡引此书只注页码)一书中提出,从演化的角度来解释美与艺术的问题,或许能让我们获得一些不同以往的新鲜见解。

如果我们将演化论视为一种理论基础或方法论,那么它与形

---

① 查特吉:《审美的脑:从演化角度阐释人类对美与艺术的追求》,林旭文译,杭州:浙江大学出版社,2016年。

而上学是非常不同的：演化论是经验的，而形而上学是非经验的。演化论也不同于传统的认识论。传统认识论的一个基本前提，是主体与客体的二分，但在演化心理学看来，"自然就像塑造我们的身体一样塑造了我们的脑（心智）"（第 155-156 页）。这即是说，我们并不需要一个与客体相对的模糊的认知主体，大脑作为具有认知功能的器官，本身就是自然演化的结果。从这个角度看，美学研究需要关注脑科学的研究进展，而不是继续沉浸在关于主客关系的"思辨"之中。

安简·查特吉的上述方法论提议也并不是新鲜的。19 世纪末，随着实验心理学的兴起，费希纳就曾提出，美学研究需要经历一次范式转换，即从"自上而下"的美学到"自下而上"的美学。所谓"自上而下"的美学，即形而上学框架内的美学。而所谓"自下而上"的美学，则强调从经验出发，尤其是借助实验心理学的方法来研究美学问题。在这里我们可以看到，形而上学虽然孕育了科学，但也包含了许多非科学的东西。

在费希纳的倡导之下，人们曾将美学问题的解决寄望于心理学的进步，但心理学后来的发展，似乎并未完全满足人们的预期。维特根斯坦本人积极关注心理学的研究进展，但他同时也认为心理学的进步并不能解决美学问题。因为美学问题在科学之外。我们不同意维特根斯坦的这一观点。安简·查特吉今天所做的尝试性工作，可被视为费希纳所倡导的方法的一个当代继续和发展。

本文接下来的部分，我们就来简单看一下安简·查特吉如何从演化心理学的角度出发解释美与艺术的相关问题的。

我们知道，在中国 20 世纪 50 年代的美学大讨论中，人们主要是在认识论的框架之内讨论美的本质问题。对于这一问题，从演化心理学的角度看，安简·查特吉说："美不是仅仅存在于客观世界或我们的头脑中。我们的心智属于世界的一部分。我们如何思考、体验、行动，是经过漫长的演化过程形成的。对美的体验是我们的心智与客观世界相互作用的结果。我们的脑经过演化，认为某些对象具有普遍的美。"（第64页）

这就是说，在演化心理学的理论框架内，美既不是客观的也不是主观的，当然也不是主客观"统一"的。因为认识论意义上的主客二分，在这里是不成立的。我们的大脑或心智是自然演化的结果，是这个世界的一部分。我们认为一些东西具有"普遍的美"，但这并不意味着美是主观的。

长期以来，我们受康德美学的影响，认为美是无用的、超越功利的。美学也被认为是无用之学。但从演化心理学的角度看，美实际上是有用的，有利于个体健康及种族繁衍的。安简·查特吉说："美的演化逻辑是：有吸引力的特征能够传承下来，是因为这些特征是相对比较好的健康指标。"（第47页）达尔文说，美的东西必定是健康的，即是从同一个角度而言的。

美的选择与生殖活动相连，这鲜明地体现在人类男性与女性的相互选择中。安简·查特吉说："男人偏好的女性特征是年轻、生育能力强，同时又带有些许性成熟感。"（第21页）女性则普遍偏好"身体对称"（第25页）的"高个子男人"（第26页），认为这样的男性更具吸引力。

演化心理学也有助于解释一些与艺术有关的问题。爱德华·O. 威尔逊（Edward O. Wilson）说："科学有望能够解释艺术家、艺术天才，甚至艺术，并且它将越来越多地借助于艺术来研究人类行为。"[①]

关于艺术的起源，以往人们有种种不同的解释，诸如巫术说、宗教说、游戏说以及劳动说等。在演化心理学的视野中，"艺术的起源在于：趾高气扬的男性互相竞争，创造出没有实用

---

① 威尔逊：《论人的本性》，胡婧译，北京：新华出版社，2015年，第209页。

价值的装饰物，试图向女性观赏者证明自己的作品比其他人的更壮观、更优秀。"（第 162 页）艺术的有用与无用，或可在此获得恰当的理解。一方面，艺术是没有实用价值的，不能吃也不能喝，在多数情况下仅具有装饰作用。另一方面，艺术又是有用的，它有助于制作者向异性炫耀自己的杰出才能，从而赢得更多交配的机会。

"艺术的萌芽源于本能"（第 177 页），但艺术却不是一种本能，在相当大的程度上，"艺术的发展是一种意外的收获"（第 177 页）。说艺术不是一种"本能"，即是说从事艺术活动并不是人类天生的必需，它不同于吃饭、喝水、性交等活动。斯蒂芬·平克认为，语言是人类的一种"本能"，语言能力是人先天所具有的东西。在这个意义上，对于人类而言，语言似乎比艺术更为根本。

艺术更多是文化的产物，"只有在历史文化背景中才能被理解"。（第 117 页）这表明我们对于艺术的研究，既需要积极吸收科学的成果，又应该继续从历史、文化的角度进行研究。

安简·查特吉在积极倡导科学美学的同时，也指明了其所存在的局限性，他认为"科学美学能考察知识对审美体验的一般性影响，但不能考察与个别艺术品相关的特定的知识与多层意义"（第 176 页）。的确，科学处理的是一般性、规律性的东西，它提出种种理论假说并寻求验证，而对于个别的、具体的艺术作品的分析，则仍然有待于我们从历史、文化的角度来进行。安简·查特吉还提醒道："我们需要谨慎对待描述性神经美学。"（第 129 页）因为"描述性神经美学"的许多说法，目前还停留在科学假说的层面上，并未获得足够多的证实，因此建基于其上的知识并不足够牢固。

在这篇短评的最后，笔者还想强调一下在中国积极倡导科学（主要是演化心理学）美学的必要性。正如徐英瑾在《对于一种达尔文式的新人文——社会科学的展望》中所分析的，由于在相当多的中国大学中，美学被设置在"中文系"，而"这样的专业是疏远于自然主义思维方式的纯人文主义者的大本营，其所擅长的知识生产方式和自然科学的隔膜程度，可能要远甚于［……］经济学和自然科学的隔膜程度"①。这就是说，我们目前的专业设置，极有可能已经结构性地限制了一些学科的发展。这是我们需要正视的问题。

---

① 徐英瑾：《对于一种达尔文式的新人文——社会科学的展望》，载《演化、设计、心灵和道德——新达尔文主义哲学基础探微》，上海：复旦大学出版社，2013年，第278页。

罗尔斯论哲学史

在关于哲学方法论的当代讨论中,哲学与哲学史的关系一直是人们比较关注的一个问题。关于这一问题,有这样两种基本观点,一种是认为哲学即哲学史,做哲学就是研究哲学史;另一种则认为哲学和哲学史不是一回事,就做哲学而言,哲学史是一项不必要的负担。以往人们多研究哲学史,认同哲学即哲学史的人比较多。但近些年来,不断有学者对此观点提出批评,比如陈波在《哲学作为一项认知事业》一文中就提出:"不能所有中国哲学家都研究哲学史,并且只研究哲学史。"

在人们的印象中,主张哲学和哲学史不是一回事的以研究分析哲学的人居多。就总体而言,与做中国哲学或欧陆哲学的人相比,分析哲学家相对不那么看重哲学史。比如英国哲学家蒂莫西·威廉森在《做哲学》一书中就认为,尽管我们可以将哲学史作为哲学研究的工具,但"把哲学与哲学史看成是一样的,这是一种极其不历史的态度,因为它违背了历史本身"。

罗尔斯是当代著名的政治哲学家,就哲学研究的进路而言,无疑属于分析哲学家的行列。但跟多数当代的分析哲学家不同,罗尔斯是相当重视哲学史的。芭芭拉·荷蒙在为罗尔斯的《道德哲学史讲义》一书所写的《编者前言》中说:"罗尔斯尤其在教学中对道德哲学史投入了非同一般的精力。他关于道德哲学史的

---

* 原载《中国社会科学报》,2021年2月23日2版。

一个核心思想是：就'我们如何生活'所引起的许多最棘手的问题来说，我们在伟大的经典著作中发现了最杰出的思想家们为了解决这些问题所做出的努力。无论这些努力存在多少瑕疵，任何时候都必须抵制对这些文本的肤浅的批评——因为这并不是一种严肃的态度。"芭芭拉·荷蒙的意思是非常清楚的，即在罗尔斯那里，面对历代杰出思想家所创作的经典著作，一种严肃的态度是极为必要的——哪怕这些著作在某些方面存在不同程度的谬误。

事实上，罗尔斯不仅极为重视道德哲学史的教学，而且对哲学史之于哲学研究的重要意义也有非常清楚的认识，他在《道德哲学史讲义》中这样写道："我们还是要去阅读哲学史，庆祝它的进展也鼓励自己往前走，而且，我们还要向那些获得哲学成就的人们表示敬意，因为这对支撑和鼓励哲学作为一项不断前进的集体事业来说极其重要，虽然这种敬意对我们的哲学反思而言却是无关紧要的。"在这段话中，罗尔斯指出哲学史的意义在于这样几个方面：第一，通过阅读哲学史，我们可以了解哲学自身的进展；第二，哲学史有一种激励作用，它鼓励我们继续往前走；第三，阅读哲学史，是我们向历代哲学家表示敬意的一种方式，尽管这种敬意与哲学反思无关，但它对于哲学这样一种"集体事业"来说却是至关重要的。

哲学的进展没有单一的标准，它在这一点和科学不一样，也正是在这个意义上，哲学史之于哲学研究的意义，肯定比科学史之于科学研究更重要。罗尔斯就此指出："只要存在多种不同的哲学思想体系，就像现在这样，就不会存在有关哲学进展的一致标准。于是，研究历史文本（尽力把握作者的总体观点）的一个好处是，我们可以了解哲学问题是如何在它们得以提出的思想体系中扮演不同的角色，乃至被定型的。"这就是说，通过研究哲学史上的经典文本，我们可以在不同的思想体系中对哲学问题获得一种语境性的理解。

理解哲学问题虽然是我们研究哲学史的一个目的，但不是唯一的目的。罗尔斯指出，哲学史研究不仅在于"它向我们揭示了不同的哲学思想体系，而且在于它促使我们去思考我们自己的思想体系，尽管也许是尚不明确和不能清楚表达的，正是在这个体系里，我们提出了自己的问题"。罗尔斯自己的哲学研究很能说明这一点，他努力研究哲学史，却并不止步于这种研究，而是在与前人及时贤的对话中，写出了《正义论》《政治自由主义》等经典著作。在这个意义上，我们可以说，尽管研究哲学史是必要的，但只研究哲学史是不够的。

在《道德哲学史讲义》一书中，罗尔斯主要讨论了休谟、莱布尼茨、康德和黑格尔的道德哲学思想，其中尤以对康德道德哲学思想的探讨为重点。关于康德，罗尔斯说："就我对康德学说整体所获得的理解来说，我从来没有感到满意过。"但是，"我几乎不做任何批评。我集中自己的精力来理解他，以便有能力将他的思想描述给学生们"。在这里，罗尔斯清楚地表明，康德道德哲学并不总是令人满意的；即便如此，他仍然以一种非常严肃的态度来试图获得更好的理解，而不是像有的中国学者那样，给它贴上一个"很烂"的标签。作为分析哲学家，罗尔斯对待哲学史的严肃态度，值得我们参考。

# 自然是完美的吗?*

一

韩国导演李沧东的影片《诗》以影像的方式,为诗歌"申辩"。只不过传统的"申辩"诉诸言辞,而李沧东运用的是更具时代性的电影语言。以言辞申辩,其所辩护的对象,多关涉生命、财产和自由。苏格拉底面对法庭,滔滔不绝,为己申辩,关乎生死。而到李沧东这里,其所为之申辩的,是"诗"这一特殊的言语方式,或曰修辞。以电影语言,为诗申辩,更有某种吊诡的意味。原因在于诗之萧条或衰落,电影有一份"责任"在。如果没有影视争夺眼球,或许诗歌的读者,就不似今日这般零落。

不过,无论是以言辞为生命申辩,还是以影像为"言辞"申辩,二者之间有其相通之处。从根本上看,都是为某种生活方式辩护。苏格拉底为哲人的生活方式辩护,李沧东则为观众推荐诗意生活;前者只有少数人可为,而后者至少适合大多数城市居民。乡野中人在这些人眼光中,本就生活在大自然的浓郁诗意中,只是他们不自知而已。

无论所辩对象为何,之所以为之申辩,一个基本的前提是有一方面临困境。在李沧东那里,为诗一辩的前提,是诗之濒临死

---

* 原载《中国研究生》,2013 年第 6 期。

亡。这在影片诗人们的交谈中，有清楚的表述。诗是否消亡，或者换一种说法，讨论这一问题的价值、意义何在，我的确不知。不过，与此相关的问题，关乎日常生活，不具什么专业性，倒可以谈一两点。

诗歌之死的一个征象，据说是读者日稀，诗人寂寞。一个通俗的表达，说现在读诗的，还没写诗的多。这不能成立。据我有限的了解，写诗之人，一定是读诗的；即使他有点自大，不爱读别人的，但他一定是自己作品的读者。可以推断，总有一些人，不管其所为何，偶尔会读几首。如此一算，读诗的总比写诗的多。

诗人寂寞，也要分情况说。只有在这个机械复制的时代，之前那些伟大的诗人，才得以突破地域、国别的限制成为世界文学的一部分。在此之前，今天文学史上的重要人物，其最大的荣耀，不过是成为一个国家级诗人。而更多的文人，不过在地方上有点儿小的诗名。但就是这样，前辈诗人仍让后辈们羡慕。因为，在今天这个时代，寂寞的诗人，主要是那些地方性的小诗人；他们的追求，的确较少得到理解和支持。至于那些国际性的诗人，他们即使寂寞，也会因其所处的位置，变成旷世的孤独；他们关心人类，较少理解人心。

但即便如此，地方性诗人，也不是完全没有希望。艺术尚新鲜，时尚也是，如人的口味。有点全球性视野的诗人，在一个更为宽广的视野中，为自己定位。本地性在一个全球化的时代，本身就是卖点。只不过这里的本地性，不能过于本地，因为过于本地意味着很难让别人在短时间内有所"理解"。消费的激情，只有在短时间内激发之，才能做成买卖。

在这样的境遇中，关心诗歌的人，对诗坛上的那几张老脸有点儿厌倦。对"诗人"这一身份，有一种莫名的反感。总有点不满意。于是，寻找更本真的诗人，犹如挖宝，成为研究者们的一件大事。但到底什么样的诗人才算得上是"真正"的"本真",就有点说不清楚。但不论如何,只要人们在寻找,就总算有点安慰。

二

作为一部文艺片,《诗》之叙述节奏,不紧不慢,片中人物的情感表现,真切细腻。加上优美的电影画面,带给观众的,确是美的享受。不过,在我看来,此片亦涉及相当多的思想性议题,关涉对现代人生存问题的根本性考量,因此格外值得多谈几点。

李沧东的《诗》,是一曲对女性、自然和美的赞歌。这源于浪漫主义传统。在康德看来,一位女性的漂亮,是一种比例匀称的体态、身裁合度、眼睛和面孔的颜色娴雅地相配合,是在花丛之中也会让人喜爱并会博得人们冷静的称赞的那种真纯的美。片中主角杨美子女士的形象,是对这一点的完美诠释。

六十六岁的杨美子,收入微薄,靠补贴和做钟点工过活。而且,她还要带外孙,为他的生活和成长操心。不过,生活的重担并未摧毁她对美的热爱和追求。她喜欢打扮,总穿着干净漂亮的衣裳,因为她相信:"人,不管什么时候,身子都要干净。身子干净,心灵才会干净。"

按片中人物的说法,爱诗之人,犹如头上戴花。而女士呢,则尤其美,因为她们心里戴着花。美在自然。女性和花朵、雨滴、水面、杏子、庄稼等,因为本为自然或离自然更近,因此成就美。而诗,是对自然和自我的重新发现,本真的自我,与自然相连;因此,只有贴近自然,诉说内心,才有可能成就好诗。

杨美子天真烂漫,像个小姑娘,"喜欢说些不着边际的话","每天像云雀一样啾啾"。杨美子爱花,只要见到花,她就觉得幸福。一到乡下，她就钟情于杏子花和紫薇花，在自然的怀抱里流连忘返，以致忘掉"谈判"的"任务"。随时随地，她记下这样的句子，"血，像血一样，红色的花"。说鸡冠花，是"守护我们的盾牌"。此一说法，延伸一下，或许可以说，自然保护我们，像杨美子爱护她的孙子。但人类在许多情况下，总是像不懂事的外孙朴钟旭一样，不时顶撞、伤害自然。这一认为自然本身即完美且有内在价值的思想，产生于后工业时期的西方社会。不过这一思想，在一定程度上参考了东方人对自然的传统看法，而又有新的发挥。以此种思路，来解决现代人之意义失落的问题，是否有效，尚无确切答案。不过，我相信这一大的思路，构成了影片《诗》的思想背景。

诗歌班里的其他人，因诗之名，讲述各自的故事，无不真切动人。而讲述者之中，以女性为多。她们在诗的氛围中，讲述童年、亲人及恋人的故事，在分享之中，重新找到自己。诗为人们心灵的沟通搭建了一个临时平台。一位女士讲述她教奶奶唱歌的往事，而在讲述中，她得以重返往日时光，与亲人做心灵上的沟通。有人讲教堂的春天美得让人伤感，岁月流逝就在鲜明的季节感中。还有一位女士，讲述她生育的经验：在痛苦中分娩，犹如产下一个太阳；生命的诞生，让人惊讶又感激。正是诗之"言辞"将那些遥远的人、事、情带上前来，构筑起一个情感饱满、意义丰厚的圆润世界。人们在这一世界中，心心相印，亲密无间；在这里找回对生活的感觉，找到最真实的东西。

只有贴近自然，才懂得生命懂得爱。而那些世俗世界的物件，本不值得惦记，因此最好的方式就是将它们遗忘。片中主角杨美子，在重新发现自己的同时，因老年痴呆的缘故，开始遗忘"名词"，依次如下：香皂、电、钱包、长途汽车站……不难看出，这些名词所指称的物件，均为人工产品，并不是生命所必需。只有那些对这世界保持好奇的人，才能葆有对生命的关切、爱与尊重。影片开始于少女朴姬珍跳水自杀事件,不解真相的杨美子,从一开始就对这早逝的生命充满关切。她试图对此多一点了解,但发现人们多对此甚为冷漠。即使后来事发,那些男孩的家长们,也并不关心少女之死本身;而他们更多关心的是如何从此事件中脱身。只有杨美子女士,从生活中收集词语,最终写成《阿耐斯的歌》一诗,完成她与少女朴姬珍的生死对话。

与女性和自然之美相对照,《诗》中的男性,正面价值甚少。从少年到老头,都不过如此。一群少年,英姿勃发的年纪,但以集体犯罪的方式,促成了一位少女的死亡。六位中年男性家长,加上几个知情者,如记者和校长等人,他们所关心的不过是如何解决具体问题。即使是还算不错的警察朴尚泰,也喜欢在朗诵诗歌时讲黄段子,让杨美子有恶心之感,认为这是对诗的亵渎。杨美子做钟点工时所服侍的老头,据说曾是个会长,但在现实世界里,他是个丑陋的残疾人。在这里,我们大致可看出,这个糟糕的老头,在影片当中正是男性的"代表":他们曾经或正在握有权力,但带给世界的,却是无尽的伤害;他们表面强大,实则生命力枯萎;他们看似完整,实则残缺不堪,只有在与女人的结合中,才能"做一回男人"。这一丑陋的人群,他们最关心的,无非就是欲望。而杨美子女士,在经过激烈的"思想斗争"后,以"我不下地狱,谁下地狱"般的决绝,让老头一遂心愿。在跟老头做爱的画面中,杨美子的面容极为动人,有如菩萨,圣洁高贵。

贯穿整部影片的,还有一条线索,即诗与科学之争。毫无疑问,导演站在诗的一边,谴责科学的罪恶。至少有这样几点线索触及这一问题。影片中有一画面,杨美子"面对"外孙的电脑时,方寸大乱,手脚都不知往哪里放。科技所带来的,是亲人间的隔阂和难以沟通。而在科学的领地里,则以男人居多;他们通过知识,操控权力,为所欲为。值得注意的是,少女朴姬珍遭轮奸的地方，是学校的科学实验室。这不是偶然的，有极强的象征意味。

诗与科学，以不同的方式看世界。以诗之眼光看世界，不脱周边环境，其所看不远；而其所发现的，不过是人心，以及与人心相连的生活。诗看重特殊的"这一个"，尊重个别的人和事，其所谓的普遍性，也经由个别物而达至。科学的眼光，则不在于以平素的眼光看，而是有目的的观察。观察所及，有其特定的理论负载，其范围比较确定。科学的原理，超乎此时此地，有极高的普遍性，从而与生命相隔。一般而言，诗与科学，均衡才好。不过，因今日科学借技术之力而格外强势，遂对其不得不有所批评。

三

上面的分析，主要以影片为切入点，对相关问题有一个初步的刻画。我大致认为，李沧东的影片《诗》有一基本的思想基调，即自然完美主义。这一观点认为，自然是完美无缺的，现代人要想过一种优良的生活只有重返自然一途。而诗和女人，离自然较近，因此而近乎完美。我不是很同意这一看法，因为其显而易见的幼稚。在自然与文明之间，我大致认为，只有文明，才使人成其为人；尽管人类文明发展到今天，有诸多致命性的问题。在男性和女性之间，我可能更多看到他们均作为人而存在，各有优缺点，而不愿意简单明快地截然两分，并将所有美好的价值"安装"在任一性别上。

在下面的分析中，我将提及中国传统式文人对自然的看法，以及以自然为依托，对君子、真、自由等问题的看法；他们通过这一套"说辞"，所辩护或倡导的生活方式，依我之见，并不值得赞美。而上面提及的自然完美主义，在影片中，又跟女性主义结合在一起。但在中国思想中，其对自然的欣赏，多以男性视角看，基本上是男性中心主义。关于这一点，有必要做一说明。

将自然尤其是植物作为审美对象，在整个人类的历史上，只有在农业时代才有可能。而将自然普遍地加以审美化，在流行的、以浪漫主义眼光看的论述中，是相当晚近的事。文艺复兴之后，西方人才逐渐将自然审美化。而以鲁迅的眼光看，在中国，将自然作为审美对象，则始于魏晋。这至少可以说明，在人类历史上，有一个相当长的时期，自然在为人类提供生存资源的同时，也给人类带来极大的生存压迫。在那个时候，将自然完美化近乎不可想象。这样一来，我们大致可以明白，自然的审美化，正是文明的产物。

中国传统式的文人，将君子人格与自然连在一起，以显其高洁或不拘于俗务，是相当常见的一种心态。这里举一例，如郭熙在《林泉高致·山水训》中写道：

> 君子之所以爱夫山水者，其旨安在？丘园养素，所常处也；泉石啸傲，所常乐也；渔樵隐逸，所常适也；猿鹤飞鸣，所常观也；尘嚣缰锁，此人情所常厌也。

郭熙这句话的大意主要是在说，亲近山水，舒适亲切；而这远不同于尘世的喧嚣，那是人们所讨厌的。我想，理解郭熙这句话，有一个基本的前提应了解，即中国古代的文人并非一生下来就特别地热爱自然，以至于他们对官场的烦琐，有一种本能的厌恶。在逻辑上，我不排除有这样的人。但更多的情况，是那些宣称在自然世界中得到极大乐趣的人，多有幽怨在心。他们或遭同僚排挤、小人谗言，或因其他各种原因，在事业方面不如意，才在不得已之际退守田园，编一套自我安慰的话。

在当代，保守这一传统之最极端的传人，当数顾城，他曾写道："中国哲学的自然意境，就是使人从有限的意念中间解脱出来，成为自然人，又叫真人。"① 在这里，顾城将自然和真连在一起，而与之相对的，则不过是俗。当代爱旅游的中国文人，则喜欢把自然和自由连在一起，以显其洒脱。而究其实，这里的自由，不过是逍遥。邓晓芒认为逍遥就是脱离社会，到大自然里面去。今天很多人喜欢到处旅游，到大自然里去"放松放松"，就是逍遥。但这里的逍遥，与现代意义上的自由无涉。

上面所述之写实或旅游，当属典型的雅事。而"真人们"在这一极端之外，还有另一种极端，胡平分析说：真人们往往最爱做两种极端的事：一是极俗极俗，如种地乞食，其目的仅在于维系生存；二是极雅极雅，如观海赋诗，其意义全在于抒发自我。介乎两者之间的活动，则很容易让你感到"异化"。但"极端"之不可为，从根本上来看，在于其不可持续性。老做雅人，即显做作，雅人不雅。而一味媚俗，三番五次，则很不自然。如胡翌霖所分析：一个人不穿衣服也是一种修饰，一种装扮。一个人在人群中脱光衣服，这比任何打扮和伪装都更"不自然"。而归根结底，在于"人的'自然'恰恰在于它的'不自然'。人必须有文化才能够作为人而生存"。

自然本身并不完美，而将不完美的东西硬视为完美，不过是软弱者的幻想。将自然视为审美对象，并以此为基础，为一种过于私人化的生活方式辩护，以我之见并不可取。人或许真就是这样一种动物，即只有在公共生活之中，才能实现自身价值。对知识人而言，过一种隐居式的生活，毫无疑问是其权利；不过，也的确不值得赞美。

---

① 顾城，谢烨：《墓床：顾城、谢烨海外代表作品集》，虹影、赵毅衡编，作家出版社，1993年，第212页。

# 独立哲人休谟
——读《大卫·休谟传》

休谟似乎是难以"定义"的。在一些人看来，休谟是不折不扣的"好人"，而在另一些人看来，休谟则是堕落的"异教徒""无神论者"。人们不仅对休谟个人品行评价悬殊，而且在对其职业身份的认定上，不同的人也有不同的理解。在18世纪的一些公众看来，休谟可能主要被视为历史学家，是畅销书《英国史》的作者。而在后世的专业学者尤其在哲学家看来，休谟首先被视为一位哲学家，艾耶尔说："虽然休谟在文学上成就斐然，包括他那部著名的《英国史》，但他首先是一位哲学家。"[①] 而在本文的写作中，笔者则将休谟"定义"为"哲人"，因为与后来更为职业化的"哲学家"相比较，用"哲人"一词形容休谟是更为恰当的。

无论是在休谟所生活的时代，还是在后来人们的眼中，在不同的人那里，"休谟"呈现出不同的面向。但就笔者而言，作为哲人的休谟，最突出的品性在于独立性。就其整体思想而言，休谟独立于他所处的时代，以至于一两个世纪以后，人们才能比较完整地理解他的思想；就其政治理念而言，休谟独立于党派之

---

① 艾耶尔：《休谟》，吴宁宁、张卜天译，南京：译林出版社，2016年，第2页。

争,并力图以一种客观公允的态度独立著史;就其学术实践而言,休谟独立于大学体制,也独立于一般的公众意见;除了以上种种"独立",休谟还对宗教持一种独立的批评态度,尤其反对宗教狂热。

一

《大卫·休谟传》(*The Life of David Hume*)一书的作者,美国学者欧内斯特·C. 莫斯纳指出:"面对这样一个事实——也即就智识而言,他要比其同时代人领先一个多世纪,休谟很难处之泰然。在努力重构他那个时代基本思想的过程中,休谟只获得了有限的成功,并受困于一连串的失败和一系列压制他的努力。"① 休谟是生活在18世纪的哲人,但是其哲学思想被广为接受,却是20世纪以后的事。在这个意义上,我们才说,休谟的思想领先于其同代人一个多世纪。这种思想上的巨大差异,让休谟在其所处的时代显得格外孤立,至少在智识的意义上是如此。

休谟是一个苏格兰人。在英格兰人尤其是在伦敦人的眼中,苏格兰人都比较"土",并因此而倍受歧视和嘲笑。在这一点上,即便是大才如休谟似乎亦不能例外。由此,在爱丁堡之外,巴黎是休谟所心仪的地方、也是最欢迎休谟的城市。休谟在巴黎受到知识界,包括许多沙龙女主人的热烈欢迎和追捧,即便如此,休谟仍然认识到,其总体思想与周边环境格格不入。莫斯纳写道:"在法国,各学派旧有的亚里士多德教条主义,被一种宣扬进步之不可避免性的新教条主义所取代。因此,休谟在某种程度上必然感受到了智识上的隔膜和孤独。与法国知识分子打交道的经验

---

① 莫斯纳:《大卫·休谟传》,周保巍译,杭州:浙江大学出版社,2017年,第251页。

强化了他早期的信念:唯有遥远的子孙后代方能理解他的哲学。"① 在这里,休谟所谓的"怀疑主义",至少在某种意义上,可以被视为对教条主义的批评或反对。由此,无论是旧有的亚里士多德主义,还是法国哲人所宣扬的进步主义,都因其某种程度上的教条化而被休谟所拒斥。在此意义上,我们可以说,休谟通过对种种教条主义的拒斥,从而在思想上超越了他所生活的时代。

二

休谟在政治理念上的独立性,主要表现在他力图超越党争、独立著史这件事上。关于休谟的政治理念,在不同党派的人的眼中,有着不同的理解和评价。在保守派眼中,休谟是激进的;而在激进派眼中,休谟则过于保守了。休谟自己则认为,在对事件的评判上,他比较倾向于辉格党;而在对具体人物的评价方面,他则比较倾向于托利党。而他自己之所以常常被人们视为托利党,休谟认为,这是因为多数人在多数情况下都是重人不重事。

关于辉格党与托利党之别,有学者指出:"一般而言,托利党信奉世袭的绝对君主制,认为英国政府之所以能施行统治并行使权力,完全是基于国王的特权;而辉格党则认为,在传统上,英国国王的特权一直受到民众——他们通过议会来表达自己的主张和诉求——自由权的限制。"② 简言之,托利党强调王权之于政府权力的优先性,而辉格党则更强调议会对王权的限制。

就其总体而言,在政治原则上,休谟更认同辉格党的主张,

---

① 莫斯纳:《大卫·休谟传》,周保巍译,杭州:浙江大学出版社,2017年,第529页。

② 埃德蒙兹、艾丁诺:《卢梭与休谟——他们的时代恩怨》,周保巍、杨杰译,上海:上海人民出版社,2013年,第30页。

但在对具体历史人物的评价上,休谟则不囿于党派偏见,而能给出比较公允的评价,这一点尤其体现在他的历史著作中。1776年4月18日,休谟在《我的自传》一文中就此写道:"我曾想,身为历史学家而能将现世的权力、利益和权威,以及大众成见的呼声,都弃之不顾的,唯有我一人。"① 对于其历史著作,人们有不同的看法乃至争议,但休谟独立著史的意图是非常清楚的。

三

在学术道路上,休谟与大学学术体制的关系可谓充满了爱恨纠葛。休谟早年入读爱丁堡大学,并和其父兄一样最终没有取得学位。这或许并不是因为能力不济,而是因为在当时人们似乎并不格外看重学位;也就是说,入读大学而未获学位者,在当时并不鲜见。尽管没有取得学位,但休谟对于爱丁堡大学,还是有一份深厚的情感,以至若干年之后,在朋友们的张罗之下,休谟竞聘过爱丁堡大学的教授。莫纳斯指出:"这也许是自明之理:学者们特别愿意重返曾涵育其学术的学术团体。"② 但是,尽管休谟学术成绩突出,却由于其在《人性论》中所表达的学术主张对当时正统的宗教观念形成了冲击,于是,在反对派的百般阻挠之下,休谟想回母校爱丁堡大学执教的愿望最终不得不落空了。

在此之后,休谟还竞聘过格拉斯哥大学的教授,但是,和第一次一样,休谟终因各方阻力甚大而未获成功。莫纳斯评论道:"学院内对平庸之才的喜好再度取得了胜利。……苏格兰最杰出

---

① 莫斯纳:《大卫·休谟传》,周保巍译,杭州:浙江大学出版社,2017年,第656页。

② 莫斯纳:《大卫·休谟传》,周保巍译,杭州:浙江大学出版社,2017年,第169页。

的哲学家却从未能有机会执掌一个哲学教席。"① 休谟两次竞聘大学教授未果，一方面是由于保守的宗教势力的阻挠，另一方面，正如莫纳斯评论的，大学作为一个学术机构，如果没有一种良好的运作机制，其落入庸人乐园的境地即是不可避免的。

人们一般认为，自康德之后，哲学开始越来越职业化，这即意味着，之后人们要想成为一个哲学家，只能选择进入学术体制。而要想在学术体制之外取得学术上的成功，几乎是不可能的。在休谟所生活的时代，这样一种职业化的趋势虽已显出端倪，但还不是决定性的。对于休谟而言，如果能进入大学体制，对他学术发展的好处是显而易见的：一方面，他能轻而易举地获得许多学术研究所必需的资料；另一方面，大学体制所提供的保障，也能使他有足够多的闲暇以投入到学术研究之中。但是，这一切对于休谟而言是那样的遥不可及。

为维持生计，休谟做过各种各样的工作，到38岁时才第一次在经济上取得了独立。反观休谟的一生，两次竞聘大学教授未果，一方面给他带来了一定的损失，但从另一方面看，独立于大学学术体制也让休谟有了另外一些收获。休谟一生中做过各种各样的工作，在这样一些工作的过程中，休谟有了更多的机会对人性进行观察，而这对于一位立志以研究人性科学为主业的哲人而言，无疑是不可或缺的。

虽然身处学术体制之外，但休谟在其学术研究中，却并未过多地迎合公众意见，事实上，他对此抱有高度警惕的态度。我们知道，休谟在非常年轻的时候，即构思、撰写和出版了《人性论》一书，但是，这本书在出版之后，却几乎未能激起任何反响。公众对于此书的冷漠态度，使休谟大感沮丧，并在之后很长

---

① 莫斯纳：《大卫·休谟传》，周保巍译，杭州：浙江大学出版社，2017年，第272页。

一段时间内,休谟都认为《人性论》一书的写作是失败的。

在《人性论》之后,休谟撰写并出版了《道德和政治随笔》,这本书在普通读者中大受欢迎。休谟在写作上终于取得了成功。但是,面对这种成功,休谟却采取了一种克制的态度,因为意识到这种成功将使他"受到约束","并且很有可能就此远离严肃的学术研究时,他最终放弃了构写期刊随笔的最初想法"①。可见,作为一名随笔作者的休谟虽然取得了成功,但他最看重的仍然是严肃的学术研究。莫纳斯就此评论说:"休谟放弃写期刊随笔的另一个原因是:他不愿为了保持公众的关注而一再被迫写那些轻薄无聊的文章。休谟最浓厚、最经久不变的兴趣一直是哲学及其实际应用。"②

今天,休谟当年所面临的问题与抉择,对每一个学者而言,仍然不乏启示意义。对于学者而言,这是一个格外艰难的时代,也是一个充满诱惑的时代。但是,无论如何至少对于学者而言,我们应该认识到,严肃的学术研究或曰求真乃是第一要务。向公众传播知识,不断提高大众的文化素养,尽管也是学者的使命之一,但这毕竟不是首要的——因为传播知识的前提,是要创造出有价值的新知。学者不应只是一个既有知识的贩卖者,而应首先是一个新知的创造者。

四

在休谟所生活的时代,宗教在一般公众心中无疑占有一种支配性的地位。在人们的心目中,如果认为某个人没有宗教信仰,

---

① 莫斯纳:《大卫·休谟传》,周保巍译,杭州:浙江大学出版社,2017年,第154页。

② 莫斯纳:《大卫·休谟传》,周保巍译,杭州:浙江大学出版社,2017年,第155页。

那无疑即是说他道德堕落。换言之，人们根本不相信一个好人会是一个非宗教信徒。休谟不仅没有宗教信仰，而且在其著作中不断对宗教提出挑战，这不仅使他在当时饱受争议，而且正如我们已在上文所提到的，他对宗教的看法或许正是其两次竞聘大学教授失败的根本原因。艾耶尔说："在我看来，不仅要使各种更为迷信的有神论名誉扫地，而且要使任何形式的宗教信仰都名誉扫地，这的确是休谟哲学的一个主要目标。"①

休谟在哲学上持有一种温和的怀疑论立场，这使其对各式各样的教条主义颇感痛心，而"对于宗教上的各种无处不在的教条主义，作为精研人性的哲学家，休谟不能不感到灰心丧气"②。具体而言，宗教领域内的教条主义，主要表现为两种形式，即宗教迷信和宗教狂热。作为启蒙运动时代的哲人，休谟对宗教自然持一种批评态度。

与宗教迷信相比，休谟更为警惕宗教狂热。有学者指出："与宗教迷信相反，宗教狂热则蔑视一切权威，形成了拥护绝对自由的派系。休谟认为，与宗教迷信形成的派系相比，这类宗教狂热派更为危险，因为他们不承认任何现实秩序的合理性，可能会使社会分裂、权威解体。"③ 在社会－政治领域，如何建构一个文明的社会秩序，始终是休谟最为关心的问题；而宗教狂热及其可能引发的战争，对于建立这样一个秩序，构成了根本性的挑战。在这个意义上，我们或可理解，休谟为什么对宗教持一种尖锐的批判立场。

---

① 艾耶尔：《休谟》，吴宁宁、张卜天译，南京：译林出版社，2016年，第31页。

② 莫斯纳：《大卫·休谟传》，周保巍译，杭州：浙江大学出版社，2017年，第528页。

③ 徐志国：《派系及其治理：休谟社会政治理论研究的一个视角》，《社会》，2018年第1期，第150页。

休谟对宗教的总体性批判，其实是对教条主义的批判。但是，正如我们在前面已指出的，休谟的怀疑论是"温和"的，这即是说，对于那些具有较少教条主义色彩的宗教信仰，休谟持一种宽容的态度。事实上，在其日常生活中，休谟与不少"温和派"教士结成好友，他们一起抵御来自极端"保守派"的攻击，从而将苏格兰社会带入了一个新的时代。

五

在本文以上的部分中，我们大致从时代、政治、大学、公众、宗教等几个方面指明了休谟作为一个哲人的独立品格。但是，我们这里所谓的"独立"，更多是指一种精神品格，而绝不是某种离群索居式的"孤立"，关于这二者之间的不同点，我们或可从其与卢梭个性的对比中获得一个更好的理解。莫斯纳指出，虽然从不热衷于大型聚会，但是"大卫·休谟的亲和力，以及其作为一个文人的合群性，使他特别擅长于交际"①。这就与卢梭的个性形成了鲜明的对比。在人们的印象中，卢梭作为一个孤独漫步者的形象根深蒂固。

事实上，休谟与卢梭在个性上的差异，绝不只是性格或生活方式上的差异，而更重要的是他们各自持有的不同观念。关于这一点，在他们对城市的不同认识中，体现得格外明显。卢梭认为："城市是人类痛苦的渊薮。"② 并且，"卢梭常常将城市里的

---

① 莫斯纳：《大卫·休谟传》，周保巍译，杭州：浙江大学出版社，2017年，第299页。
② 转引自埃德蒙兹、艾丁诺：《卢梭与休谟——他们的时代恩怨》，周保巍、杨杰译，上海：上海人民出版社，2013年，第33页。

乌烟瘴气与人们心灵的黑暗联系在一起"①。这即表明，在卢梭那里，城市不仅带给人类无尽的痛苦，而且腐蚀了人的心灵，让人道德堕落。卢梭的这一主张，让人不禁想到中国现代作家沈从文，在后者的笔下，乡村永远是自然而美好的，而城市则往往是污秽而堕落的。在对自然的美化上，沈从文与卢梭可谓"一脉相承"。在这样一种卢梭式的理解中，一个本真的自我，即一个漫步乡野的、孤独深思的灵魂。而任何俗世的东西，无论是商业抑或其他，都是对这一灵魂的玷污。

与卢梭相比，休谟对城市有着更为积极的认识。城市的"核心"是商业，或者不如说城市即因商业发展而来；没有商业，就无所谓真正意义上的城市。在休谟看来，商业对于促成人与人之间的连接，对于一个文明的社会秩序的形成有着至关重要的作用。在这样一个社会中，那种卢梭式的离群索居不仅没有必要，而且也算不上什么美德。休谟说："独身、斋戒、苦行、禁欲、克己、谦卑、沉默、孤居独处以及整套僧侣式的德性，它们缘何处处为理智健全的人们所摒弃，不正是因为它们不有助于任何一种目的，既不提高一个人在俗世的命运，也不使他成为社会中更有价值的一员，既不使他获得社交娱乐的资格，也不为他增添自娱的力量吗？"② 这即是说，那套僧侣式的德性，于人于己都没什么好处。从常识的观点出发，休谟还说："真正的离群索居可能是我们人类所能承受的最大惩罚。"③ 的确，对绝大多数人而言，一个人被关"独监"是比一堆人一起蹲监狱更严厉的惩罚。

---

① 埃德蒙兹、艾丁诺：《卢梭与休谟——他们的时代恩怨》，周保巍、杨杰译，上海：上海人民出版社，2013 年，第 156 页。
② 休谟：《道德原则研究》，曾晓平译，北京：商务印书馆，2001 年，第 123 页。
③ 转引自埃德蒙兹、艾丁诺：《卢梭与休谟——他们的时代恩怨》，周保巍、杨杰译，上海：上海人民出版社，2013 年，第 245 页。

休谟的一生，是哲人的一生，是追求独立的一生。但是，作为哲人，"终其一生，休谟都在遵从他自己的训诫：做一个哲学家，但在你所有的哲学中，你依然是一个人"①。在这里，作为一个人，即意味着非神亦非兽——休谟既非完美的上帝，亦非只知吃喝的兽类；"好人大卫"一生所守护的，是"人性的尊严"。

---

① 莫斯纳：《大卫·休谟传》，周保巍译，杭州：浙江大学出版社，2017年，第650页。

 # 罗素的成与败*

在 20 世纪，罗素可以说是一个明星式的哲学家。其中固然有时代的原因，但罗素本人的所作所为乃至个性因素仍是不容忽视的。在某种世俗的眼光中，罗素可以算得上是一个"人生大赢家"：在严格学术的领域，他有《数学原理》这样的巨著传世，并因一系列的哲学论著而被普遍认为是分析哲学的奠基人之一；在社会－政治乃至广泛的文化领域，罗素的声音可谓无处不在，他是声名卓著的公共知识分子，并因其颇为成功的通俗性写作而获诺贝尔文学奖；在学术和政治之外，罗素的情感生活颇为丰富，一生四次婚姻，情人亦不少。

在中国，罗素有一大批追随者，有人视他为智慧的象征，有人视他为道义的化身，也有人对其所鼓吹的"新道德"颇有兴趣。而像张申府这样的人，则更是视罗素为其人生的导师，其所思所行无不以罗素为榜样。

但就是这样一位"成功"的大人物，在其传记作者瑞·蒙克的笔下，却被认为是度过了悲剧性的一生。这究竟是为什么？考虑到瑞·蒙克花费十年之功，在查阅了大量的书信、档案，并做了大量访谈的基础之上，撰写了一部上千页的罗素传记这一事实，即可想见他的这一判断绝非虚言。

罗素的一生，是围绕学术与政治这一主线而展开的。在普通

---

* 原载《中国研究生》，2018 年第 2 期。

公众的眼中，罗素或许是一系列通俗著作的作者，也可能是一位反战的英雄，或者是一位婚姻与道德问题的"专家"。但在哲学学术领域，罗素首先是一位哲学家，分析哲学的开创者和奠基人之一，倡导通过语言的逻辑分析来解决传统的哲学问题。也就是说，哲学学术才是罗素的立身之本。

罗素的哲学研究始于他对数学基础问题的探索。在十多岁的时候，罗素即因哥哥的教育而接触几何问题，这使他有机会感到后者的"美妙"。这一方面表明罗素在数学领域具有天赋，但另一方面恐怕也与其童年的生活经历有关。父母早亡，使罗素在很小的时候即深感人世无常，备尝孤独的滋味。在这样一种孤寂的生活气氛中，几何那种不依赖任何特定的个人而单凭证明为真，以及不依时间流逝而有所变的性质，带给了罗素极大的慰藉。也就是说，几何或数学领域的工作对于早年的罗素而言，绝不只是某种技术性的东西，而是其充实生活的来源。

罗素对于数学的浓厚兴趣从少年时期开始，一直持续到第一次世界大战之前。在这中间，他虽然间或对社会－政治问题表现出兴趣，并撰写了相关著作，但总的来说，他理智生活的重心仍在数学问题上。在研究数学基础问题并撰写相关著作的同时，罗素相信数学的世界是一个独立自足的世界，沉浸在这个世界之中，有助于他避开人事的"纷扰"。

热衷于数学问题的早年罗素，希望自己能成为一名专家，但这并非其最终的目的。他根本性的旨趣，在于通过这一探究的过程，获得一种智性上的满足。罗素说："我希望在为数不多的专家心中获得知名度。但是，我的主要愿望——作为我调控生活原则的愿望——是纯粹以自我为中心的，旨在获得思想上的满足，探索让我感到困惑的事物。"① 在这里，我们可以清楚地看到，就其探索的动机而言，早年的罗素是极为纯粹的。

瑞·蒙克对罗素早年在数学、逻辑和哲学领域所取得的成就给予了极高的评价，认为这些天才的杰作虽非完美无缺，却是真正能够展现罗素才智的东西。罗素苛刻的学生、哲学研究中的后来居上者维特根斯坦，对于早年罗素所取得的理智成就，亦"从未失去敬仰之情"②。瑞·蒙克和维特根斯坦及其他哲学史家的评价表明，罗素在其早年的理智工作中，不仅抱有极为单纯的动机，而且事实上也取得了令人瞩目的杰出成就。

艰苦而长期的理智工作令罗素感到厌倦，但这并非其告别严肃学术的真正理由。致命的一击来自其高徒维特根斯坦。在本文前面的部分，我们已经谈到，早年罗素从事数学研究的根本动力，在于他相信数学的世界是一个没有人事的纷扰，也没有时间的永恒世界；在数学的世界中，他得以摆脱一种致命的孤独。显而易见，这样一种对于数学本性的理解，是典型的柏拉图主义。但早期维特根斯坦的研究表明，数学的本质是重言式。这一结论使罗素感到痛苦，却又不得不勉为其难地接受了它。

罗素在后来撰写的《我的哲学的发展》一书中，专门用一章的篇幅回顾了上述转变的过程，可见其对此的看重。在该书第十七章《放弃毕达哥拉斯》中，罗素写道："我已经不再认为数学在题材上是和人事无关。我终于相信（虽然是很不愿意）数学是由重言式而成。"③ 与此同时，数学的超时间性也遭到了罗素的

---

① 转引自蒙克：《罗素传：孤独的精神 1872—1921》，严忠志、欧阳亚丽译，杭州：浙江大学出版社，2015 年，第 139 页。
② 蒙克：《罗素传：疯狂的幽灵 1921—1970》，严忠志、欧阳亚丽译，杭州：浙江大学出版社，2016 年，第 312 页。
③ 罗素：《我的哲学的发展》，温锡增译，北京：商务印书馆，1982 年，第 211 页。

质疑:"我想数学的超时间性丝毫没有我从前以为它所具有的那种崇高和庄严,而只是由于纯粹的数学家是不谈时间的。在默想数学真理的时候,我再也得不到什么神秘的满足之感了。"①

除了维特根斯坦的批评,动荡不安的外部世界也在一定程度上使罗素告别了纯粹的学术研究,而投身到社会－政治问题的讨论之中。1914年,第一次世界大战爆发,自那以后,正如罗素自己所言:"我把不少的时间和精力花费在哲学以外的事情里。"② 根据瑞·蒙克的传记,罗素后来虽然也曾"重返哲学研究",并撰写了不少哲学论著,但这些论著再也没有像他早年的工作那样,在专业的哲学研究者那里产生过重要影响。"真实的情况是,到了1944年,罗素在普通公众中的声誉很高,与在学术精英中的情况形成鲜明对比。"③

数学不过是重言式,认识到这一点,那种早年罗素在数学研究中所获得的形而上的满足就不可避免地丧失了。混乱的外部世界也时时刺激着罗素走出书斋。而促使罗素由一名艰深的专业著述者转变为一个自由作家的另一原因是他和学术体制的关系。一方面,罗素由于对政治问题的积极介入,在学术体制中变得不那么受欢迎。另一方面,罗素对僵化的学术体制本身也感到厌倦。而成为一名自由作家,有比较丰厚的收入则可以让他摆脱这一切。

罗素最终选择成为一名自由作家,并以流利的文笔而大受普通读者欢迎,一时之间可谓名利双收。但从学术的角度看,罗素

---

① 罗素:《我的哲学的发展》,温锡增译,北京:商务印书馆,1982年,第211页。

② 罗素:《我的哲学的发展》,温锡增译,北京:商务印书馆,1982年,第216页。

③ 蒙克:《罗素传:疯狂的幽灵1921—1970》,严忠志、欧阳亚丽译,杭州:浙江大学出版社,2016年,第313页。

为他的这一选择付出了沉重的代价。瑞·蒙克说:"与自由作家的生活相比,讲师的职位更沉闷、更乏味,但是,他至少可以从事哲学研究,不受流于肤浅的诱惑(也许可以说免除这样的责任)。当一个人必须出售自己所写的一切文字时,必然会出现这样的情况。"[1] 事实上,罗素在成为一名自由作家后,有时迫于经济上的压力,不得不炮制一些肤浅的文字。

但更大的代价在于忙于参加政治活动、撰写报刊文章的罗素,在离开学术体制之后,切断了与哲学学术界的联系。这使他对后来哲学发展的细节不甚了了。后来,罗素一度重返哲学研究,但他悲哀地发现,专业的哲学研究者虽对其示以表面上的尊敬,但事实上并不真正关心他后来的研究成果。赖尔、斯特劳森等都是如此。罗素对此深感愤怒和痛苦,但已无力扭转乾坤。

在撰写通俗文字的问题上,将罗素与维特根斯坦做一对比,或许不无启示。我们在前面已经谈到,维特根斯坦对罗素早年的工作虽不无批评,但始终抱有尊敬。而对其后来所写的一系列通俗著作,则持一种激烈批评的态度。维特根斯坦本人从未撰写过应景的报刊文章。瑞·蒙克说:"对维特根斯坦来说,放下身段,撰写报刊文章是不可思议的事情。"[2] 1929 年,维特根斯坦重返哲学研究之后,通过对自己早期思想的批判,提出了一系列新的哲学思想,以至在相关著作出版之前,即对专业的哲学研究者们产生了重大影响。

关于罗素的通俗性著作,这里有必要简单谈一下他的《西方哲学史》。在中国,长期以来乃至于直到今天,不少人都将罗素的这部著作当作哲学的入门书加以推荐。但事实上,罗素本人并

---

[1] 蒙克:《罗素传:孤独的精神 1872—1921》,严忠志、欧阳亚丽译,杭州:浙江大学出版社,2015 年,第 669 页。

[2] 蒙克:《罗素传:孤独的精神 1872—1921》,严忠志、欧阳亚丽译,杭州:浙江大学出版社,2015 年,第 669 页。

不看重此作。在《我的哲学的发展》一书中，罗素认为如果说有一本书是他在哲学上的代表作，那么这本书就应该是他发表于1912年的《哲学问题》。如此一来，问题即在于，为什么连作者罗素本人都不看重我们长期以来如此"重视"的《西方哲学史》呢？

要回答上述问题，其实并不太难，只要我们了解一下罗素撰写此书的动机及过程，即可得出一个比较明确的答案。

20世纪40年代，罗素因为早先在婚姻、性及相关道德问题上的自由化主张，在纽约受到了不公正的道德非议和审判，以至其失去了本已得到的教职。这样一来，罗素一家不可避免地陷入经济危机。这时，正好有一家基金会邀请罗素担任某个通俗讲座的主讲人，而听讲者大多没有哲学专业背景。罗素为准备这一讲座，撰写了《西方哲学史》一书，并为当时的听众考虑，突出了哲学与一般政治、社会状况的联系。这似乎没什么问题。但从哲学史研究的角度看，罗素这一匆忙赶制的著作，在史料的搜集和分析方面都存在不少问题。而如果我们将此作视为哲学的入门书，则问题更大，因为它扭曲了哲学的功能，将哲学视为一项解决政治或社会问题的工具，而不是一门具有独立价值的、自由的学术。

在前面的论述中，我们已经提及，罗素的一生处于学术与政治之间。但就总体而言，罗素对二者关系的处理是失败的。在两次世界大战期间，罗素撰写了大量的通俗文章，其中有相当一部分是对政治问题的讨论。瑞·蒙克认为，罗素在政治问题上的意见虽非一无是处，但与其在专业著作中所展现出来的敏锐与才智相比较，则不免显得乏善可陈、前后矛盾，而并非像一般公众所期待的那样高明。

罗素在政治问题上频频发言，却并未展现出多少过人的才智，可能有这样几个原因。一是罗素发表那些文章和讲演的动机，在不少情况下是为了缓解自身的经济危机，而不是为了表达对政治问题的真知灼见。二是罗素有一份贵族的清高，骨子里看不起普通民众，因此不认为有对政治现象进行细致研究的必要，而只愿意谈论一些相对抽象的政治原则。三是罗素在数学方面的训练，使他在思考一般问题时，倾向于以一种高度简化的方式来进行，但这样一种思考问题的方式，对一个政治观察者而言并不一定是好事。关于这一点，罗素自己也认识到："虽然他在数学和数学哲学方面拥有专业知识，可是这并未赋予他就政治问题发表看法的权威。"①

以上分析表明，健全政治判断的形成，有赖于对复杂的政治现象做细致的分析和研究，但这恰恰是罗素所不愿意去做的。在这个意义上，我们认同瑞·蒙克的判断："罗素从来不是非常老练的政治思想家。"②

那么，如何评价作为知识分子而非哲学家的罗素呢？在一个意义上，公共写作和演讲让罗素名利双收，满足了他的虚荣心，在一定程度上缓解了他内心中难以摆脱的孤寂，并在大众之中成就了他现代"圣人"的名声。而在学术的意义上，罗素投身于公共写作和演讲，则是一种巨大的智力浪费，这也正是瑞·蒙克为其痛惜不已的原因。深受罗素影响的中国学者张申府，一生热衷于政治活动，但到了晚年，却在接受采访时不断表示，自己最遗憾的是未在哲学领域留下一部"大书"。

政治之外，罗素就婚姻、性及相关道德问题所发表的言论，引发了广泛的关注与讨论。对罗素这方面的观点，进步主义者自然大加赞赏、表示欢迎，而保守主义者则视其为罪恶。就罗素的

---

① 蒙克：《罗素传：疯狂的幽灵 1921—1970》，严忠志、欧阳亚丽译，杭州：浙江大学出版社，2016年，第62页。

② 蒙克：《罗素传：疯狂的幽灵 1921—1970》，严忠志、欧阳亚丽译，杭州：浙江大学出版社，2016年，第538页。

观点而言，人们自然有权利基于不同的立场而做出各自的评论。但验之于罗素自身，其婚姻生活与其所倡导的理论之间，似乎常有不合之处，这令当事人深感痛苦。比如罗素认为，在婚姻生活中，丈夫或妻子有自己的情人，这并非不道德。但当其第二任、第三任妻子朵拉、皮特有自己的情人时，罗素起初表面上并不在乎，但实质上深感痛苦和妒意，并最终选择离婚。

而且，即使在离婚之后，罗素亦对朵拉表现出巨大的冷漠，以至于到了不近人情的地步：他拒绝与朵拉见面，涉及财产、子女的教育及抚养等问题时，都是委托律师办理，避免有直接打交道的情况。不仅如此，罗素在相当长的时间里，对自己的儿女亦不甚关切。有评论者认为，根据瑞·蒙克的传记，罗素糟糕的家庭生活，到了令人"不安"的程度。

对于自己的所作所为，罗素也曾反省，他写信给自己的女儿凯特说："我越来越病态，反思之余，深感自己人生失败，无论作为丈夫还是作为父亲均是如此。我试图让自己相信，都是别人的过错。但是，这样的事情反复出现，看来说明实情并非如此。"[①]

瑞·蒙克说，罗素的一生是一个"悲剧"，对于这一看法，人们在读完传记之后，当可有自己的理解和判断。但无论如何，我们至少可以看到，每个人在做选择的同时，必定也在付出相应的代价；在某些表面耀眼的人生背后，同样存在着失败的阴影。聪慧如罗素者，似乎亦不能例外。

[①] 蒙克：《罗素传：疯狂的幽灵 1921—1970》，严忠志、欧阳亚丽译，杭州：浙江大学出版社，2016 年，第 349—350 页。

有病的尼采*

少有人是天生的哲学家。即使一些后来被视为天才的人物，至少在他们成名以前，多有追随前辈思想家的经历。在一些人那里，追随的形式是直接拜师。无论在什么时代，对那些渴求获得前辈指点的年轻人而言，亲炙名师，都是他们所期望的。在古希腊，亚里士多德追随柏拉图，柏拉图追随苏格拉底，都是人们熟悉的例子。但正如我们在日常生活中所见，师生之间的关系，并非总是令人满意。想到哲学家们都是一些很有思想的人，他们之间发生思想上的冲突，看来很难避免。不幸的是，这种思想上的冲突，在师徒之间，也常常发生。最糟糕的情况，是师徒二人最终成为敌人。或许从某个角度讲，这种情况的出现意味着教育的成功。因为教育的根本目的是使受教者成为他自己，而非老师思想的传声筒。尽管如此，昔日的师徒成为最终的敌人，对当事者而言，往往伴随着巨大的痛苦。或许在两者之间，昔日老师的痛苦更大一些，因为弟子们的崛起，往往使他倍感失落，甚至有遭遗弃的感觉。但翅膀硬了的弟子们，也有其自身的痛苦，因为总有一天，他们自己也会成为老师。哲学家及其老师的关系，构成了一部爱恨交织的历史。

一如苏格拉底事件之于柏拉图哲学，在尼采哲学的背后，站着一个著名的人物：瓦格纳。众所周知，尼采的第一部著作《悲

---

* 原载《译林书评》，2012 年第 2 期。

剧的诞生》，是题献给瓦格纳的。而到尼采多病的"晚年"，瓦格纳则成为他极力炮轰的靶子，一个思想上的敌人。也就是说，在尼采的哲学中，瓦格纳既是开端，也是结尾。对这样一个人，即使到了"晚年"，尼采仍是看重的，虽然是在一种与早年相反的意义上。这从他晚期著作的激烈言辞中，可看出一二来。一个无足轻重的人，是不值得他发火的。

在写作《瓦格纳事件》《尼采反瓦格纳》等著作时，尼采已是一个病人。在哲学家与其时代的隐喻中，哲学家的任务是扮演一位医生的角色。像一位真正的医生那样，手艺娴熟地剔除整个时代的病灶，是哲学家们喜欢的工作。至于这种工作的成效如何，我们不得而知。谦虚或低调一点的哲学家，或许会认为，治病的工作，并非哲学家的专长；但对时代之病做出基本的诊断，却是哲学家无可推卸的责任。在某种意义上，我们可将哲学家尼采视为时代之病的诊断者。在《瓦格纳事件》一文的"序言"中，尼采认为一个哲学家最初和最终要求自己什么呢？就是要于自身中克服他的时代，成为'无时代的'。"克服"他的时代"，最终要克服的，是避免沾染时代的"病毒"。对哲学家而言，只有成为"无时代的"，他才能看清他所置身其中的时代，并为时代之病做出恰切的诊断。

吊诡之处在于，为时代诊病的人恰是一个长年卧病在床者。而这个人就是尼采。但仔细想想，这也不奇怪。一个有病的时代，其所制造出的"健康者"，不也带着时代的病毒吗？但这不是最糟糕的。真正糟糕的地方在于，这些带着时代病毒的人们，并未认识到自己已病入膏肓，反以为自己才是真正健康的。正如那些沉浸于瓦格纳音乐、戏剧中的青年们。有病且能意识到有病者，才有可能克服、超越疾病，达至更高的健康。尼采写道："疾病本身可以是生命的一种兴奋剂：只不过，人们必须足够健康以消受这种兴奋剂。于此可见，要克服疾病，仅仅意识到有病，还是不够的。"足够健康"，才能将疾病本身转化为生命的兴奋剂。而在有病的时代里，一个"足够健康"的人，必定是一个生命力足够旺盛的人。在尼采那里，他本人的经历，可算一个例证。

一个有病的人，之所以是强有力的，是因为他是真实的。生存得真，才能透彻思想，他的生命也才是丰盈有力的。而瓦格纳的音乐和戏剧，在尼采看来，是残忍、做作、无辜的代名词。但这种远离生命真实的东西，却有着巨大的吸引力，犹如魔障。在音乐中，瓦格纳用那种毒药般的迷雾，引诱、勾引那些浮夸的青年们。瓦格纳用来征服青年人的，并不是音乐，而是"理念"，这是瓦格纳艺术中神秘莫测的东西，隐藏在千百种象征中的捉迷藏游戏，五彩缤纷的理想，正是这些东西把青年人引诱到瓦格纳身边了；瓦格纳是制造幻景的天才，他有腾云驾雾、神出鬼没的本领，这正好是黑格尔当年用来蛊惑和引诱青年人的伎俩。而在戏剧中，瓦格纳则以败坏趣味的方式，勾引那些盲目的群众：戏剧是趣味问题上的一种民众崇拜（Demolatrie）形式，戏院是一种大众起义，一种针对良好趣味的公民表达。瓦格纳事件正好证明了这一点：他赢得了群众，但败坏了趣味，他甚至败坏了人们对于歌剧的趣味。由此可见，无论是音乐还是戏剧，在瓦格纳那里，都不是通往生存之真的媒介，而是遮蔽真相的幕布，是欺骗青年和群众的手段。

在瓦格纳那里，欺骗以艺术的形式出现：这不仅歪曲艺术，更遮蔽真相。而一种更普遍的欺骗手段，是以表演的形式完成的。在这样一个时代，人人都是演员，都带着生活的假面具。生活成为表演，毫无真实性可言。这种以虚假为荣的时代病，在视生命之真为无上价值的尼采那里，是无可忍受的。在尼采看来，这种病症的出现，并非瓦格纳一人的过错，他仅仅是个代表：通过瓦格纳，现代性说出它最隐秘的语言：它既不隐瞒自己的善，也不隐瞒自己的恶，而且反过来说：如果人们弄清楚了瓦格纳身上的善与恶，人们也就差不多对现代的价值做了一次清算。

　　由此可见，尼采对瓦格纳的批判，实际是对现代性的清算。但我们不该忘记的是，在对现代性的清算中，尼采也是一个病人。他虚弱的身体，一方面带给他更高意义上的健康，另一方面也使他的这种批判多少显得有些夸张。而对这种夸张，如果我们没有足够的警惕，就有可能引导我们走向另一个危险的方向。